［英］尼古拉斯·赖特▫著　　丁一▫译

改变世界的伟大发明家

INSPIRING INVENTORS

Nicolas Wright

世界图书出版公司

北京·广州·上海·西安

图书在版编目（CIP）数据

改变世界的伟大发明家 /（英）尼古拉斯·赖特著；丁一译 . — 北京：世界图书出版有限公司
北京分公司，2023.3
ISBN 978-7-5192-7068-1

Ⅰ . ①改… Ⅱ . ①尼… ②丁… Ⅲ . ①发明家—生平事迹—世界—青少年读物 Ⅳ . ① K816.1-49

中国版本图书馆 CIP 数据核字（2022）第 192405 号

Originally published in English under the title Inspiring Inventors © Worth Press Ltd, Bath, England,
2019

书　　名	改变世界的伟大发明家	
	GAIBIAN SHIJIE DE WEIDA FAMINGJIA	
著　　者	［英］尼古拉斯·赖特	
译　　者	丁　一	
策划编辑	陈　亮	
责任编辑	刘天天	
出版发行	世界图书出版有限公司北京分公司	
地　　址	北京市东城区朝内大街 137 号	
邮　　编	100010	
电　　话	010-64038355（发行）　 64033507（总编室）	
网　　址	http://www.wpcbj.com.cn	
邮　　箱	wpcbjst@vip.163.com	
销　　售	新华书店	
印　　刷	三河市国英印务有限公司	
开　　本	710 mm × 1000 mm　1/16	
印　　张	10	
字　　数	162 千字	
版　　次	2023 年 3 月第 1 版	
印　　次	2023 年 3 月第 1 次印刷	
版权登记	01-2019-5069	
国际书号	ISBN 978-7-5192-7068-1	
定　　价	58.00 元	

目录

蔡伦
Cai Lun

约62年—121年，中国 对造纸术进行了重大改革

可能再也没有比"发明人"自己诈死，又被钉在棺材中加以火烧更具戏剧性地展示新发明的方式了。据说，在两千年前的中国，就曾经发生过这样一件事。

这项发明就是我们熟悉的"纸"。当时，有人造出了纸，但当他向大家展示自己制作的样品时，周围人的嘲笑让他非常沮丧。不过他并没有气馁，决定用更吸引人的方式来展示这项发明。

他说服一些朋友帮助他，假装他已经死了，并把他的"尸体"放进一副覆盖着纸的棺材里，棺材里还留了一个竹子做成的呼吸管，供他在里面呼吸。棺材被放进墓穴之后，朋友们点燃了盖在棺材上的纸，火烧了起来。这时，他踢开棺材盖跳了出来。所有人都震惊了。

他的目的正是要向围观群众展示纸的神奇。这个方法奏效了。直到今天，中国人仍然会遵循在墓地烧纸钱或其他纸制品的传统来纪念先人。

策划这场令人印象深刻的"表

蔡伦正监督工人造纸

传统中国书法用品

演"的人正是蔡伦。他对造纸术进行的重大改革，彻底改变了人们相互沟通和储存信息的方式。

大约公元62年，蔡伦出生在中国南部一个叫作耒阳的地方。我们对于他早年的经历所知甚少，只知道他当时是在一个农民家庭中长大的。

蔡伦是公认的聪明、勤劳、好学的一个人。15岁时，他已经引起了朝廷官员的注意，被召入洛阳皇宫中任职。

按照传统，蔡伦与当时许多其他在皇宫内工作的人一样，成了一名宦官。宦官享有进入皇宫的特权。

蔡伦很快就适应了宫内的生活。进宫不久，他就被任命负责宫廷文书和传递诏令等工作。在当时，任何需要记录的

传统造纸方法，
威廉·华兹华斯（1770—1850）

信息都会被写在丝绸或者难以加工的竹简上。

蔡伦很快意识到这种方法的弊端。丝绸虽然很轻，易于运输，但是生产成本过于高昂；而每片竹简能容纳的字数太少，十分沉重。蔡伦想，一定有更好的替代方法。

在排除了使用废蚕丝的方案之后，蔡伦又尝试使用了布、干草、树皮等各种材料，然而都没有成功。但他的想法得到了皇帝的鼓励，皇帝建议他与宫里的工匠合作，看看会不会有什么突破。

蔡伦是幸运的，因为这些能工巧匠跟皇帝一样着迷于各种新的可能性。他们尝试把树皮切成小块，浸泡在水里再沥干，放在火上烤干、捣碎并研磨成浆，然后搅拌、过滤，最后铺在木板上晒干，得到了薄薄的纸。

然而，最初的纸并不耐用。蔡伦又通过添加麻绳、碎布、渔网、甚至废弃的丝绸碎片来增加纸的强度。最终，他做出了跟一开始一样轻、但坚韧得多的纸。最重要的是，它的生产成本很低。

蔡伦知道是时候告诉皇帝了，但是他还是想先看看老百姓对这项发明的反应。于是上演了他火烧棺材的戏码,成功地赢得了民众的支持。

之后,蔡伦于公元105年将制造蔡侯纸的方法详细写成了一份奏折,呈献给汉和帝。皇帝非常高兴,封赏了蔡伦,同时诏令天下,在皇宫内外推广使用这种纸张。随着这项伟大的中国发明的传开,其他国家纷纷效仿。慢慢地,世界各地都开始使用纸张了。

蔡伦本应有着稳定而又舒适的前程,但公元106年皇帝驾崩了,继承汉和帝皇位的是一个年仅3个月大的婴儿,汉殇帝。汉殇帝在位8个月后去世,又由年仅12岁的汉安帝即位,皇帝年少,邓太后掌管实权。公元121年,邓太后去世,汉安帝亲政。安帝决定惩治那些曾经迫害过他祖母的人:安帝的祖母宋贵人早年曾因被诬陷使用巫术而被害。

蔡伦也曾参与对宋贵人的审问。因此当蔡伦听说皇帝下令让他自首时,他知道自己时日无多。沐浴更衣之后,蔡伦在家中去世,享年59岁。

但蔡伦将被永远铭记,因为他是世界上最有影响力、最有意义的发明之一——造纸术的改革者。

写在古纸上的药方

约翰尼斯·谷登堡
Johannes Gutenberg

14世纪末或15世纪初—1468年2月3日，德国
发明铅活字印刷机

纵观历史，有很多发明都可以被称为是"改变世界"的。但是其中仍有一件与众不同，那就是印刷机，它的发明意味着文字可以开始被广泛传播。

在15世纪中叶印刷机和活字印刷术传入欧洲之前，大多数的书籍都是通过手工来书写和复制的，这显然费时费力，而且成本高昂。在印刷机发明以前，除了手写以外，书籍也可以进行雕版印刷。但雕版印刷的书籍的每一页都需要单独精心雕刻，所以当时只有特权阶层和富人才拥有书籍。

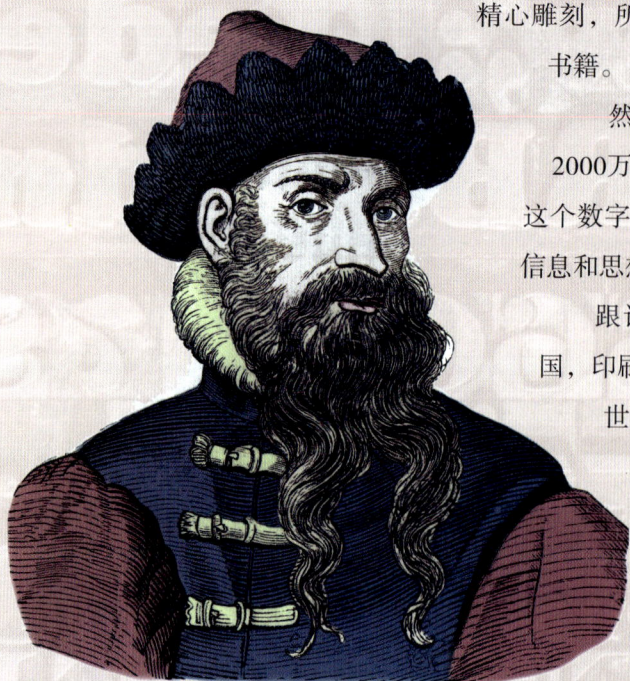

然而，到了16世纪初，已经有超过2000万本印刷书在欧洲流通。100年以后，这个数字已经增加到大约2亿册。势不可挡的信息和思想浪潮遍布世界各地，万象更新。

跟许多事物一样，印刷术也起源于中国，印刷材料最早可以追溯到公元220年。11世纪，中国已经有了活字印刷术。但是由于涉及字符的数目太多，印刷过程过于烦琐，活字印刷术的使用非常有限。

欧洲人抓住了这个机会。一个叫约翰尼斯·谷登堡的人开发了一种活字印刷术，与当时远东地区使用的活字印刷术相比，具有很明显的优势。

谷登堡出生于14世纪末或15世纪初的德国美因茨市，关于他的出生日期，没有确切的记录。关于他的早期生活人们知之甚少，只知道他的父亲弗里勒·根斯弗莱是个富有的商人。

谷登堡没有沿用他的父姓根斯弗莱（Gensfleisch，音似鸡皮疙瘩），而选择以他母亲的出生地，优美抒情的"谷登堡"（Gutenberg）作为自己的姓。

年轻的谷登堡最初在美因茨一所文法学校学习，后来就读于德国中部的埃尔福

16 世纪早期的印刷机

特大学。这些学习经历为他打下了坚实的拉丁文基础。这些知识在他后来的宗教书籍印刷事业中，发挥了重要作用。

1428年或那之前的几年（没有明确记录），美因茨市爆发了手工业者针对富人的暴动，谷登堡和他的家人被迫逃到了法国东部，靠近德国边境的斯特拉斯堡。

在斯特拉斯堡的15年间，谷登堡一直从事金匠的工作。大约也是在这个时期，他开始对印刷产生了兴趣。

谷登堡在小时候就非常喜欢看他父母的藏书。当时，只有有钱人才能买得起书，在谷登堡看来，这是一件令人遗憾

的事。也许他从这时起，就已经开始思考应该如何降低书的生产成本。谷登堡认为，一定有比雕版更好的印刷方法。

答案就是被运用在革命性的新印刷机上的活字印刷。与中国和高丽的活字印刷技术不同，谷登堡的发明得到了真正普遍意义上的应用。谷登堡印刷机是在酿酒设备的基础上开发的。活字块由一个个凸起的木制字符构成。这些字块会被面朝上，放置在一个木制框架或模板里，再涂上墨水，覆上纸张，然后将它们滑到一块非常重的大石头下面，通过一个非常大的手动螺栓，把纸牢牢地压在字块上。

虽然木制的活字块在印刷时可以移动、拆卸、重新组装，应付各种不同页面的需求，但是还有一个问题：这些木制活字块上的字母会因磨损而变得越来越模糊。谷登堡通过使用合金铸造活字铸件解决了这个问题。

1448年，谷登堡离开斯特拉斯堡回到了美因茨。两年后，他开始经营自己的印刷店。但是由于没有足够的钱购买工具和设备，他向当地的金融家约翰·福斯特贷款。随着业务的扩大，他又向福斯特借了更多的钱投进了他最重要的项目：印刷圣经。

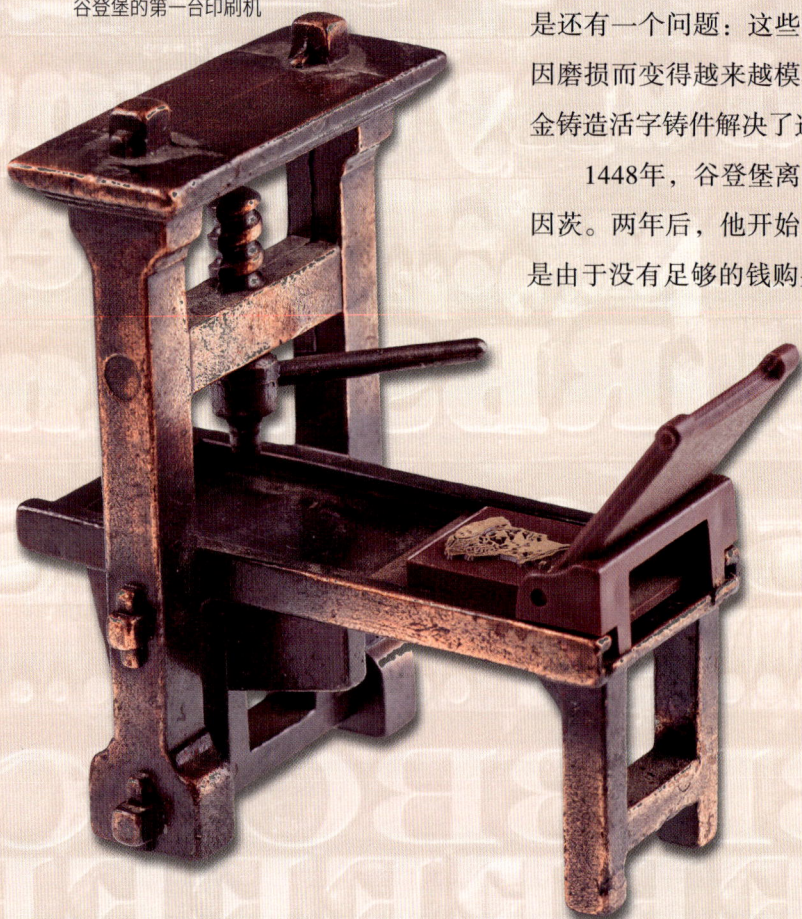

谷登堡的第一台印刷机

不幸的是，1456年，谷登堡花光了所有的钱，却无力偿还贷款。福斯特非常愤怒，把谷登堡告上了法庭，并且赢得了官司。谷登堡被迫交出他的工厂，以及一半已经印刷完成的圣经。

这对于谷登堡的打击是毁灭性的。到1455年，谷登堡已经印刷了180册圣经，其中150册印刷在纸上，30册在羊皮纸上。这批拉丁文圣经是欧洲第一批活字印刷的重要书籍，据考证现存22册，它们的价值无法估量。

谷登堡几乎破产，他回到美因茨附近的埃尔特维勒，在接下来的10年间，他默默无闻。1465年1月，他又回到了美因茨，

谷登堡所印刷的圣经中的一页

他在这里得到了该市主教阿道夫·冯·纳索提供的微薄养老金，这是一份对他的成就的迟来认可。

1468年2月3日，谷登堡在美因茨去世。他几乎被世人遗忘了，直到多年以后，印刷术在欧洲广泛传播，大众传播时代到来，谷登堡真正的价值才得到了肯定。

达·芬奇
Leonardo da Vinci

1452年4月15日—1519年5月2日，意大利
优秀的建筑、雕塑、绘画和发明

　　显而易见，达·芬奇可以被称为有史以来最杰出的人物之一。他不仅是一位伟大的画家，同时也是一位天才雕塑家和建筑师。

　　他去世很久之后，那些尚未发表的笔记被公之于众，人们发现，他还是一位非常有远见的工程师和发明家。

　　他的一些想法非常超前，包括飞行器、装甲车、自驱车和机器人。即使在今天看来，这些想法也几乎是不可思议的。

　　简单来说，达·芬奇是个天才。而且不太寻常的是，他没有受过正规教育，可以说，达·芬奇是一个自学成才的天才。

　　1452年4月15日，莱昂纳多·达·芬奇出生于佛罗伦萨以西48公里托斯卡纳的一个叫芬奇的山城。他的父亲皮埃罗·迪·安东尼奥是一位23岁的律师；母亲卡塔琳娜是一个乡下姑娘。他们的阶级差异不允许他们结婚，所以他们一直没有正式结婚。

　　人们对达·芬奇早年间的生活了解甚少，只知道他是与母亲一起生活的。1457年，他搬到他父亲的住处，此时他的父亲已经与另一位姑娘阿尔贝拉·艾玛多利结婚了。

　　达·芬奇的私生子身份很难在当时

达·芬奇的《最后的晚餐》

保守的托斯卡纳地区得到认同，因此他无法接受正规教育，只能由他父亲教他一些基础的读写知识。后来，达·芬奇又自学了计算、几何、拉丁文和物理。

大学没有向16岁的达·芬奇敞开大门。1468年，他开始跟随佛罗伦萨艺术家安德烈·迪·乔内，也就是著名的韦罗基奥学习绘画技巧。这是达·芬奇生命中的重要阶段。韦罗基奥的工作室充满了创造性，达·芬奇在这里不仅接触到了绘画和雕塑，还学习了各种技术。这些技能都体现在了他日后的各种发明之中。

达·芬奇在韦罗基奥工作室待了四年，1472年他成为佛罗伦萨画家公会的一员。他继续在佛罗伦萨工作，十年后才移居到了米兰。这期间他创作了一些十分伟大的作品，包括《最后的晚餐》。

佛罗伦萨被视为意大利的文化和艺术之都，但米兰是一个更世俗，也更政治化、军事化的城市。达·芬奇知道，要想获得更大的成功，就必须找到一位有影响力的资助人。1494年，刚成为米兰公爵的卢多维科·斯福尔扎，就是一个合适人选。

有人称卢多维科·斯福尔扎为"黑暗者"，他是一名彻头彻尾的军人。尽管斯福尔扎对达·芬奇的艺术水平非常钦佩，但他更感兴趣的是达·芬奇在工程和建筑方面的技能。作为斯福尔扎的首席军事工程师，达·芬奇发明了一系列前所未见的机器，如巨弩、"直升机"和多管炮。

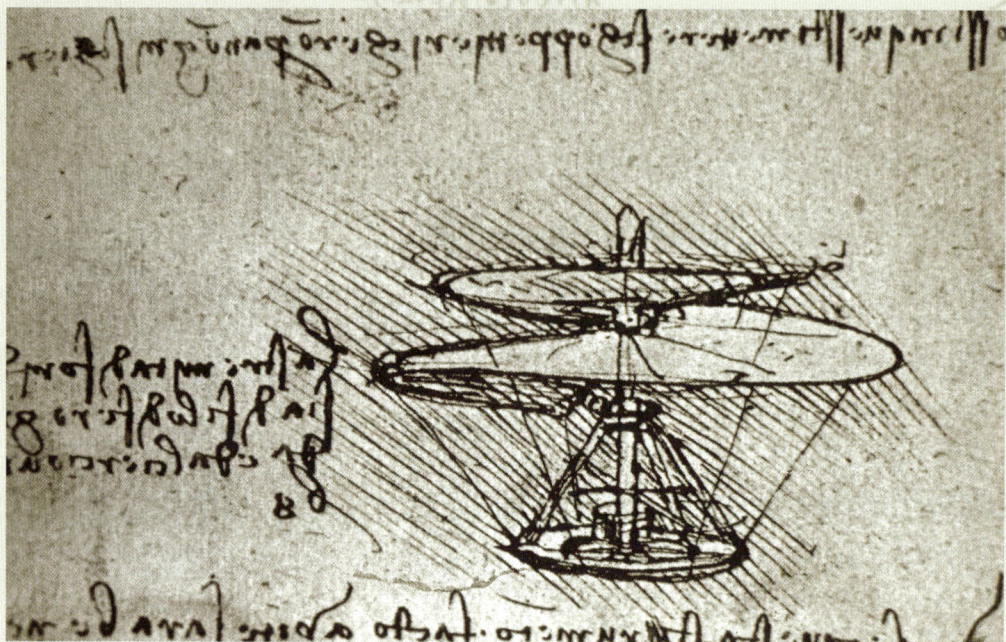

达·芬奇设计的人工操纵的飞行器

尽管我们几乎可以确定这些神奇的设计没有一件被制成了实物，但达·芬奇细致入微的详细计划使它们看起来像是真的存在一样。

达·芬奇在米兰生活了17年。1499年米兰被法军攻占，他先是逃到了威尼斯，后来又去了佛罗伦萨，并一直在那里住到了1502年。他在佛罗伦萨加入了臭名昭著的塞萨尔·波吉亚的军队，担任军事工程师和建筑师，并跟随塞萨尔游历意大利各地。

1503年，达·芬奇再次回到了佛罗伦萨这个让他习得很多基本技能的地方。他开始专注于艺术方面的工作，在这里创作了世界上最著名的绘画作品《蒙娜丽莎》。

三年后，达·芬奇又来到了米兰，随后他接受了法国国王路易十二的工作邀请，发挥自己在军事方面的能力。

1515年1月，路易十二去世，皇位由他的女婿弗朗索瓦一世继承——这是一位热心资助艺术的国王。达·芬奇急切地希望继续为皇室服务，所以非常高兴地接受了弗朗索瓦的要求，为他制作了一个狮子的机械模型。新国王十分钦佩达·芬奇的聪明才智，同意成为达·芬奇的资助人。

事实上，弗朗索瓦所做的远不只是一般的资助。随着时间的推移，他和达·芬奇很快成了亲密的朋友。国王邀请达·芬奇住在皇宫附近，位于卢瓦尔河谷的昂布瓦斯城堡附近的豪华住宅里。

达·芬奇终生未婚，一直在那里住到1519年5月2日去世。据传说，他在国王怀里咽下了最后一口气。

达·芬奇在生前使用一系列笔记本记录了他在艺术、解剖学和机械方面的工作成果，总计有13000页的详细笔记和图纸。他去世前把这些笔记托付给了他最喜欢的学生弗朗西斯科·梅尔兹。弗朗西斯科一直保存这些笔记，直到1579年去世。后来，这些笔记辗转于各种人之间，甚至还有人把笔记拆开来进行出售。

越来越多的达·芬奇的笔记进入了世界各地的博物馆和图书馆，但是直到19世纪，也就是达·芬奇去世后3个世纪之后，这些笔记中的内容才被公开，使人们有机会了解这位伟人的思想和工作。

一枚纪念达·芬奇的作品《蒙娜丽莎》的匈牙利邮票

位于意大利米兰的达·芬奇雕像

克里斯蒂安·惠更斯
Christiaan Huygens

1629年4月14日—1695年7月8日，荷兰
土卫六的发现和摆钟的发明

1687年，伟大的英国科学家艾萨克·牛顿发表了里程碑式的著作《自然哲学的数学原理》，书中清楚地阐释了牛顿运动定律和万有引力定律。所有人都称赞他是一位有远见的天才，他的发现被认为是跨时代的突破。

然而也有一个值得注意的例外，那就是荷兰著名科学家克里斯蒂安·惠更斯。尽管同样对牛顿十分钦佩，惠更斯对万有引力理论有着不同的想法。

因为缺乏力学解释，惠更斯认为牛顿的引力理论是有缺陷的。令惠更斯感到失望的是，他自己的引力理论一直没有得到人们的重视，而是随着时间的推移，成了一个历史的脚注。

不过，惠更斯在其他领域，特别是在物理学、天文学、光学等方面的杰出工作和学术成就，使他站在了17世纪科学创新者的前列。而惠更斯（至少在科学界）最著名的成就，是他发现了一颗土星卫星和著名的土星环，以及创立了光的波动理论。惠更斯另外一项重要的发明是

摆钟，他于1657年申请了摆钟的专利。

这是一项真正的时钟变革。在惠更斯发明他那非凡的新式钟表之前，钟表每天会慢15分钟。惠更斯的摆钟把这个时间缩短到了15秒。事实上，在1927年电池驱动的石英表出现之前，摆钟一直是最精确的计时器。

1629年4月14日，克里斯蒂安·惠更斯出生在荷兰海牙的一个富裕家庭，他们家有五个孩子。惠更斯的父亲康斯坦丁是一位很有影响力的外交家，他与该国的许多科学家、政治家等要员都有往来。

惠更斯的母亲苏珊娜·范·巴尔勒于1637年去世，惠更斯当时只有8岁，但他已经拥有非常丰富的想象力与敏捷的头脑。惠更斯的父亲没有让他去学校上学，而是请家庭教师在家教授他知识。16岁时，惠更斯就已经掌握了相当复杂的几何和计算知识。

1645年5月，惠更斯来到荷兰最古老的大学——莱顿大学——学习数学和法律。据说，当时的惠更斯是一个相当标新立异的学生，他留着小胡子，带着佩剑走进教室，让老师们印象十分深刻。然而更让他们印象深刻的是惠更斯的聪明才智。一位老师在给惠更斯父亲的信中提到，惠更斯的潜力"甚至超过阿基米德"。

美国宇航局在卡西尼 - 惠更斯计划中所观测到的土星环

惠更斯最初设计的摆钟中的一个

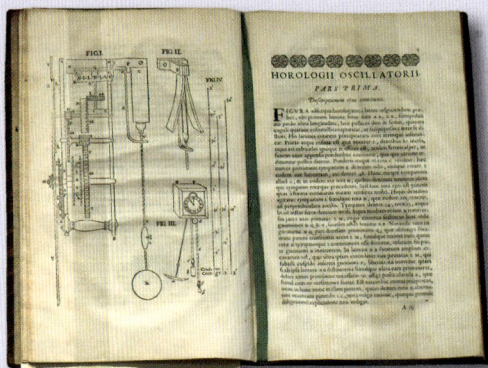

惠更斯于 1673 年出版的
《摆钟论》

惠更斯设计的时钟及其功能
部件的版画

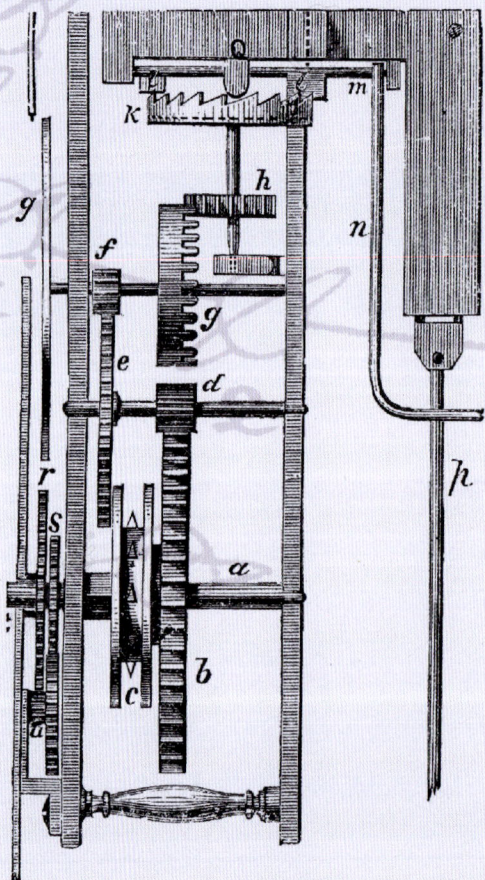

1647年3月，据说在他的兄弟洛德维克和一位同学决斗之后，惠更斯离开了莱顿，来到布雷达市刚成立不久的奥兰治学院。惠更斯的父亲康斯坦丁与该学院关系密切。

惠更斯在这里继续学习数学和法律，直到1649年，在父亲的鼓励下，他加入了外交使团，出访丹麦，之后又到访了其他欧洲国家的首都。但是令他父亲非常失望的是，惠更斯对于成为一名外交官毫无兴趣。相反，他更愿意在家里，专注于发展他在数学和科学方面的能力。得益于父亲的慷慨资助，惠更斯不用担心生计问题。

1651年他发表了一篇关于各种复杂的数学难题，如化圆为方等问题的论文。三年后，他又发表了一篇论文，对类似问题进行了更详细的论述。

惠更斯一直保持着对天文学的兴趣。1655年3月26日，惠更斯使用他自己制造的有着精密透镜的望远镜，发现了一颗新的土星卫星。它是我们目前已知的62颗土星卫星中最大的一颗，被命名为泰坦。

随着惠更斯对天文研究的深入，他意识到精确测量时间的重要性。于是便开始思考设计一种通过钟摆的摆动进行驱动的钟表。这并不是全新的想法。事实上，早在1602年，意大利科学家伽利略就曾经设想过类似的时钟，但是直到1642年伽利略去世时，这个设想还停留在草图的阶段。

毫无疑问，惠更斯正是受到了伽利略的启发，但他在1656年发明的钟摆远比伽利略的精致得多。而且与伽利略不同的是，他将它投入了实际生产。第一座摆钟的制造工作被委托给了海牙著名的钟表匠所罗门·科斯特。这个摆钟的实物如今仍在莱顿的布尔哈夫博物馆展出。

1666年，惠更斯成为法国科学院的创始成员，为了表彰他对科学做出的重大贡献，法国科学院给了他一笔可观的养老金和一套位于巴黎的公寓。

此后，惠更斯全心投入到研究工作中，特别是对于光的研究。惠更斯认为光是通过波传播，而不是通过光源发出的粒子传播的。除了对于引力有着不同认识，惠更斯与牛顿关于光的本质的观点也不相同：牛顿认为光是一束粒子流，而惠更斯认为光是波。

直到1801年5月，英国科学家托马斯·杨才找到证据，证明了惠更斯的理论。

1681年，在重病复发之后，一生未婚的惠更斯回到了海牙。除了偶尔去一趟伦敦，他剩余人生的大部分时间都在那里度过，直到1695年7月8日去世。

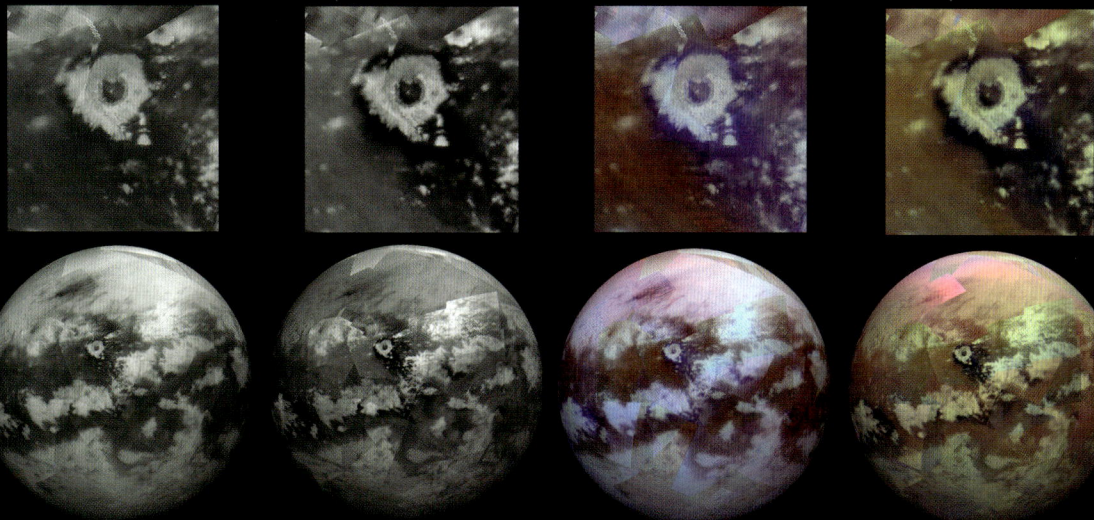

根据美国航天局卡西尼-惠更斯计划收集的数据绘制的土卫六红外测图，土卫六是惠更斯在1655年发现的，是我们现在已知的62颗土星卫星中最大的一颗

詹姆斯·瓦特
James Watt

1736年1月19日—1819年8月25日，英国
发明第一台高效蒸汽机

"不要再这样做了！这是最后一次！"小男孩的母亲看着原本干净的地板上到处都是的粉笔痕迹，叹气说道，"我希望你不要再这样做！"她一边数落着小男孩，一边拿起一块抹布，擦掉了所有痕迹。

然而，如果她能仔细地看一看，就会发现那些字迹和图案根本不是乱涂乱画，而是非常复杂的几何练习。她的儿子在很小的时候，就已经显露出早熟的天赋，为他将来成为工业革命的奠基人打下了基础。

他设计并开发了第一台真正高效的蒸汽机，并因此被冠以天才发明家的称号。他的成就确实改变了世界，但他通往财富和名望的道路却并非坦途，充满了工业间谍、专利侵犯、法庭闹剧还有破产清算等麻烦。

詹姆斯·瓦特1736年1月19日出生于苏格兰西部的小海港格林诺克。他的父亲也叫詹姆斯，是一名造船匠和成功的商人，为当地的渔船队提供导航设备。

瓦特年幼时体弱多病，无法适应一般的学校生活。所以他的妈妈阿格尼斯决定在家中辅导他，瓦特在家中得到了很好的基础教育。

瓦特恢复健康后，曾短时间就读于当地一所小学，并在13岁左右进入了格林诺克文法学校。

他在这里努力学习拉丁文和希腊文，但这没能打动他的老师们，他们认为瓦特的学习进度太慢了。不过当老师们发现瓦特在数学和工程方面惊人的天赋时，很快改变了之前的想法。

在不用去学校的日子里，瓦特最开心的事就是

詹姆斯·瓦特的第一台发动机

如饥似渴地阅读他祖父托马斯·瓦特的技术书籍。他祖父是一名数学教师。瓦特也在他父亲的车间里消磨了很多时光，他在那里展示出了他在金属加工方面的天赋。他制作过一个小型锻造机，还有各种机械模型。

他的父亲很高兴，期待着有一天瓦特能继承家族产业。可是瓦特有自己的想法，他不想成为一名商人，他的志向是成为一名专业的仪器制造商。18岁时，瓦特说服了不情愿的父亲同意他离开家。他先去了格拉斯哥，然后又去伦敦当了一年学徒。

就在瓦特认为自己已经学到足够的知识，可以开始创业的时候，他又病倒了。瓦特决定回苏格兰休养。那时他的母亲已经去世，瓦特感到自己除了帮助父亲之外，别无选择，不仅仅是家中事务，还包括生意上的大小事宜。

到了1756年10月，他感觉自己已经完全康复，可以重新开始自己的工作了。就在那时，他交到了好运。格拉斯哥大学从西印度群岛收集了一批令人惊叹的天文仪器。因为运输的关系，这些仪器全部被包裹得严严实实，需要有专业的人员来非常小心地拆包并重新调试，使它们恢复到最佳状态。

罗伯特·迪克博士是格拉斯哥大学的一名教授，他之前见过瓦特，并确信瓦特是这项工作的第一人选，于是雇佣瓦特开展这项辛苦而又需要耐心的工作。瓦特出色地

完成了工作，并最终被指定为格拉斯哥大学数学仪器制造商——这是一个新设立的职位。他简直不敢相信有这样的好运临头，尤其是在1757年的夏天，格拉斯哥大学不仅为他提供了工作室，还为他提供了一套公寓。

瓦特在格拉斯哥大学工作期间又结识了约瑟夫·布莱克教授，他是一位著名的物理学家和化学家，一直对蒸汽动力非常感兴趣。瓦特的技术与热情给布莱克教授留下了深刻的印象，他们花了几个小时讨论潜热和冷凝方面的学术问题。

人们通常认为，瓦特第一次注意到蒸汽动力的契机，是在他十三岁时看到壶盖被水壶中沸腾的水顶了起来。然而这个说法并没有证据支持，所以更可能只是一个故事。这个故事的传播者可能是瓦特的儿子，他也叫詹姆斯。

瓦特在格拉斯哥大学工作期间的生活非常幸福，他在1764年跟他的表妹玛格丽特·米勒结婚。他们接连生了五个孩子，其中两个活到了成年。玛格丽特1772年死于难产，五年后瓦特再婚。这次娶的是安·麦格雷戈，一位格拉斯哥的染料商的女儿，他们育有两个孩子。

蒸汽机最初是由约瑟夫·纽科门发明的，在1712年被首次推广，应用于煤矿抽水。但是这种蒸汽机的效率非常低，浪费了很多煤、蒸汽和热量，因此煤矿主常常会抱怨这种蒸汽机的运营成本太高。

1763年，瓦特的维修车间接到了一台需要维修的纽科门蒸汽机。在检修机器时瓦特意识到，他不仅能把这台机器修好，还能极大地提升它的性能。

瓦特从1765年开始，花费了4年时间设计出了一种全新的蒸汽机，并于1769年取得了专利。这种全新的蒸汽机的功率是纽科门蒸汽机的四倍，运行成本却降低了75%。

尽管瓦特可能设计出了世界上最好的蒸汽机，但他却没有资金把它推向市场。8年后，他与富商马修·博尔顿结盟，他所设计的蒸汽机才得以进入市场。那时蒸汽机的售价还非常昂贵。

博尔顿在西米德兰郡的伯明翰附近有一家经营良好的铸造厂。他坚持，如果参与推广新蒸汽机，就要分享专利权。瓦特当时别无选择，只好同意了这个条件。1776年，第一台新型蒸汽机投入使用，立刻大获成功。

瓦特之后又设计了旋转蒸汽机，与最初的进行上下往复运动的蒸汽机不同，旋转蒸汽机不但可以胜任矿山排水工作，也可应用于大量其他的场合，例如驱动纺织厂的机器。

博尔顿和瓦特实际上并没有亲自去制造蒸汽机。他们把制作工作外包给了康沃尔的爱德华·布尔。在一起合作了11年之后，布尔认为他自己可以做得更好，并开始生产由自己稍加改造的蒸汽机。

布尔的行为很快就被很多人所效仿，而他们所有人显然都侵犯了瓦特和博尔顿的原始专利权。这直接导致了康沃尔的一些矿主认为瓦特和博尔顿的专利是不可执行的，扣留了应付给博尔顿和瓦特的款项。

1793年，博尔顿和瓦特对布尔和其他所有侵犯专利的人采取了法律行动。法院最终做出了对他们有利的裁决。博尔顿和瓦特花了一大笔钱请律师，可是那些被起诉的人全都没有付清罚款，不过他们都遭受了极度的经济危机，其中一个被告人最终还被关进了欠债人监狱。博尔顿和瓦特对这样的结果很满意。

如今，博尔顿和瓦特可以自由、妥善地扩展业务了，他们的公司很快就成了全国最成功的发动机公司。毫不夸张地说，瓦特的蒸汽机正推动着一场工业革命。

瓦特已经非常富有了，他于1800年退休。同时，在与博尔顿的合作关系到期后，他把生意交给了自己的儿子打理。瓦特于1819年8月25日去世，享年83岁。

由于他的巨大贡献得到了认可，他一生中被授予各种荣誉，包括大学博士学位和各种学术团体的成员身份。1814年，他还曾被授予男爵爵位，但他选择了拒绝。

在英国伯明翰，詹姆斯·瓦特（中）和他的同事马修·博尔顿、威廉·默多克一起研究蒸汽机计划的镀金铜像被当地人称为"金童"

路易斯·达盖尔
Louis Daguerre

1787年11月18日—1851年7月10日，法国
发明了第一套实用性的摄影工艺

1889年3月中旬，古斯塔夫·埃菲尔在巴黎市中心附近建成了著名的铁塔，但遭到法国一些著名艺术家和知识分子的强烈抗议，他们形容这座铁塔"毫无用处，丑陋无比"。

作为一名杰出的工程师，埃菲尔遭到了极大的冒犯。他在铁塔下部刻上了72个法国著名科学家的名字，以此来回应这些质疑，埃菲尔将之称为"科学的召唤"。这份名单中包括了埃菲尔认为在各自的领域做出了重要贡献的法国著名数学家、科学家和工程师。

其中，铁塔东北侧刻着路易斯·雅克·曼德·达盖尔的名字。他因50年前发明了世界上第一个具有实用性，并在商业上获得成功的摄影术而闻名。

1787年11月18日，达盖尔出生在法国北部瓦勒德瓦兹地区的一个中产阶级家庭。两年以后，法国大革命爆发。达盖尔的父亲（他也叫路易斯）是一个狂热的保皇党，尽管他知道其中的风险，但居然还是以1793年10月被送上断头台的那位命运多舛的法国皇后的名字，给自己女儿取名为玛丽·安托瓦内特。

　　随着革命的爆发和旧法律体系的瓦解，达盖尔的父亲失去了在法院的工作。但是保皇党的政治倾向使他很快得到了新的工作：他被任命为巴黎西南130公里奥尔良市一个皇家庄园的秘书。当然，政治的动荡对于当时还年轻的达盖尔来说没有任何意义，只是导致他没有接受太多的正规教育。

　　关于达盖尔早年间的生活，人们所知不多，只知道他在绘画方面显露出了一些天赋。13岁时，他在奥尔良跟一名建筑师当学徒。4年以后，也就是1804年，达盖尔移居巴黎，他先是在那里担任税务官的职务，后来又在著名的巴黎歌剧院做了一名舞台场景画师。

一张由达盖尔银版摄影法拍摄的年轻女子照片

　　能加入巴黎歌剧院让他感到非常高兴。作为一名场景画师，能不时在歌剧舞台上客串一些角色，让达盖尔获得了很多乐趣。他很喜欢在那些令人钦佩的同事面前展示他的舞蹈技巧。

　　19岁时，达盖尔离开了巴黎歌剧院，去了皮埃尔·普雷沃斯特手下工作。皮埃尔·普雷沃斯特以其宏伟的全景画而闻名，他的作品常令蜂拥而至的观众兴奋不已。4年以后，达盖尔仍然在为普雷沃斯特工作，1810年11月10日，就在23岁生日的前几天，达盖尔娶了20岁的露易丝·乔治·阿罗史密斯为妻。她出生在法国，父母都是英国人。他们夫妇俩一直生活得非常幸福，直到40年后露易丝去世。

　　达盖尔为普雷沃斯特工作了9年，直到1816年8月，他被任命为巴黎歌剧院的首席舞台设计师。在这里，达盖尔不仅

一台达盖尔银版照相机

负责舞台背景画，还开始尝试着设计舞台灯光。他创造出的灯光效果栩栩如生，以至于这里的舞台布景往往比演员更受好评。

到1822年7月，达盖尔已经非常娴熟地掌握了这些新技术，他自信满满地在巴黎首次使用立体模型布景。这个剧场中有一系列巨幅的半透明布景画，当光线从两边穿过这些画的时候，舞台变得犹如幻境。观众为此深深着迷。

达盖尔创造的"幻境"依赖于暗箱，这也是达盖尔舞台设计时制作草图的工具。暗箱的工作原理是通过针孔，把图像投影到对面的屏幕或者墙上，但所成的像是反的。不过，随着达盖尔对暗箱的使用愈发熟练，他坚信一定可以利用光线和某种化学方法，把转瞬即逝的图像固定下来。

随后，达盖尔遇到了一个与他志同道合的人，业余科学家、发明家约瑟夫·尼塞福尔·涅普斯。他们的合作始于1829年，一直持续到1833年涅普斯因心脏病逝世。在此期间，他们在技术上取得了很大进步。但是直到他同伴去世6年之后，达盖尔才感到有足够的信心公布这项历史性的突破。

通过反复实验，他最终发现如果把覆盖着碘化银的镀银铜片放在暗箱中曝光约10分钟，然后让铜片暴露在水银蒸气中显影，最后再放在普通盐水中定影，图像就会被永久固定在铜板上了。

1839年1月9日，达盖尔的狂热崇拜者，法国立法会议员弗朗索瓦·阿拉戈，向法国科学院简要介绍了达盖尔的发明。但是直到那年年底，达盖尔才自己详细解释了相关过程的细节，同时将专利出让给了法国政府。

为了表彰他的成就，达盖尔被任命为法国荣誉军团的军官，并被授予了一份终身年金。

达盖尔于1840年退休，在距离巴黎中心13公里马恩河畔的布莱生活，让其他人继续完善和改进他的发明。他于1851年7月10日去世，享年63岁，他的妻子随后于1857年3月24日去世了。

1860年，人们认为达盖尔的摄影术到达了实际应用的顶峰，到了1865年，这种方法被逐步淘汰，被其他不那么复杂的摄影术所取代。但是达盖尔将永远被人们铭记，他是世界上第一个发明摄影术的人，并将这项技术免费提供给了法国和其他地区的人民。

提出了进化论的英国博物学家查尔斯·达尔文和他的长子威廉·伊拉斯谟·达尔文于1842年拍摄的达盖尔银版照片

路易斯·布莱叶
Louis Braille

1809年1月4日—1852年1月6日，法国
发明布莱叶盲文

能在15岁的时候就发明出改变世界上数百万人生活的东西的人并不多见。发明人本人是个盲人这件事，使这一成就更加令人瞩目。

他的名字是路易斯·布莱叶，这位男士——更确切地说是这个男孩——发明了布莱叶盲文系统。这个独特的系统第一次让盲人得以阅读和书写，简直可以称作是一场社会革命。就其本身而言，它的重要程度不亚于几百年前印刷机的发明。

布莱叶并不是天生的盲人。事实上，他小的时候视力很好。1809年1月4日，路易斯·布莱叶出生于法国的小镇库普赖，这个小镇在巴黎以东约40公里的地方，他是家里四个孩子中年纪最小的一个。

他的父亲西蒙·雷内·布莱叶以制作皮具为生，年幼的路易斯非常喜欢观察父亲工作。有一天，路易斯想帮父亲拿一把用来在皮革上打孔的锥子。不幸的是，匆忙之中他不小心扎到了自己的右眼。

几天之后，那只被扎的眼睛发生了严重感染，感染随后又扩散到了另一只眼睛。不久，只有3岁的路易斯就完全失明了。

但是他没有退缩，到了入学年龄，他开始在当地的学校学习。他的聪明才智给老师和同学们

留下了深刻的印象。

10岁时，他已经厌倦了只能用"听"来学习知识。因此，1819年2月，他递交了申请，并被巴黎盲童学院录取，这是世界上最早的特殊学校之一。

但他惊讶且沮丧地发现，和他以前的学校一样，这所学校也只是让盲童们依靠听觉来学习，并没有寻求其他方法。由于资金短缺，学校室内无法保持温暖。因此，包括布莱叶在内的每个人，都要在整个冬天忍受潮湿和阴冷。布莱叶的身体本来就不十分强壮，在学校没几年，他的健康就出现了问题。尽管如此，他在学业上的表现仍然十分出色，并且可以高水平地演奏风琴和大提琴，令人印象深刻。

但是他还是对阅读和写作念念不忘，他向父亲求助，西蒙·雷内用他制作皮具的手艺，为儿子制作了字母A到Z的厚皮革切片。布莱叶初步了解了这些字母的轮廓，并且在反复斟酌后拼出几个他会的单词。这是一个漫长而曲折的过程。然后，在1821年，一次神奇的命运转折来临，一个法国军官走进了学院的大门，给12岁的布莱叶带来了全新的希望。

查尔斯·巴比尔上尉是参加过拿破仑战争的老兵，他发明了一套厚纸板上的密码，让部队可以在黑暗中互相收发消息。这套密码由12个突起的点和破折号组成，通过触摸阅读，他

布莱叶盲文字母表

ALPHABET BRAILLE

称之为夜曲，或者夜书。

但是士兵们觉得这套系统很难理解，经常还是会划燃火柴通过眼睛阅读，尽管这样做会让他们暴露在敌人的炮火之下。

军事部门很快就对这个东西失去了兴趣，所以巴比尔把它交给了巴黎的盲童学院。布莱叶和他的几个同学一起被要求对这套系统进行评估。他认为这套系统有它的优点，但是现在还处于非常初级的阶段。

在接下来的三年中，布莱叶努力研发自己的盲文系统。讽刺的是，他在拿起一把锥子的时候，灵光闪现，而也正是锥子在最初导致了他的失明。

他意识到可以利用锥子扎出突起的圆点制作一套字母表。为了使它尽量简单，他只使用了6个点，将它们排列成不同的图案，组成63个字母和数字。第64个格子里没有点，被

在纸上阅读盲文

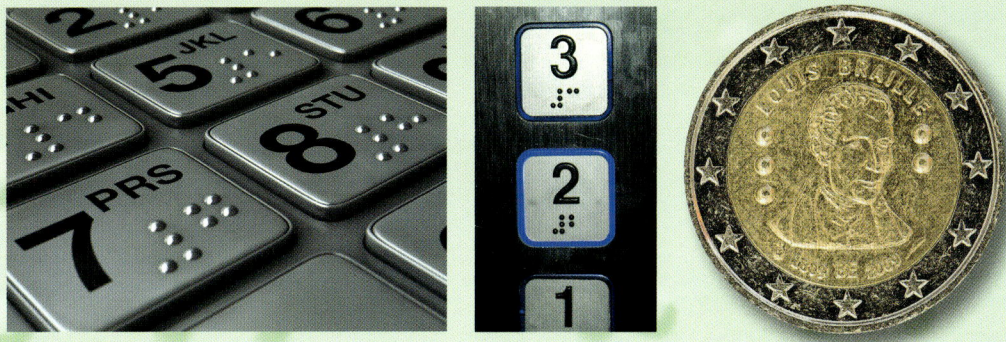

标示着盲文的物体
从左到右：自动取款机键盘、电梯按键的数字，以及比利时在 2009 年发行的纪念路易·布莱叶 200 周年诞辰的 2 欧元硬币，硬币上有刻着他名字首字母的布莱叶盲文

定义为空格。真是天才的想法！

就这样，年仅15岁的路易·布莱叶发明了能让盲人读写的方法。但是这套盲文系统——布莱叶盲文——数年以后才得到普遍采用。那时，它的发明人已经不在人世了。

起初布莱叶曾向盲童学院寻求帮助，但是学院一如既往地资金短缺，无法提供支持，而且学院一直对这套新系统充满敌意。三年以后，布莱叶出版了一本简短的教科书，说明这套系统是如何运作的。不幸的是，这本书并没有获得成功。勇敢的布莱叶百折不挠，又于1837年出版了第二版。

布莱叶40岁时已经患上了严重的肺结核。3年后，1852年1月6日，在43岁生日的两天后，他在巴黎去世了。他终身未婚，一直与家人保持着紧密的联系。他死后，他的哥哥路易斯·西蒙把他带回了库普赖安葬。

再后来，布莱叶盲文系统在世界范围内得到应用，1952年1月20日，布莱叶的尸骨被移送到巴黎的拉丁区。在那里，他被体面地安放在先贤祠的墓园里。

尽管路易斯·布莱叶的才华未能在他生前被公众认可，但他如今已经被誉为世界上最有影响力的发明家之一。

阿尔弗雷德·诺贝尔
Alfred Nobel

1833年10月21日—1896年12月10日，瑞典
发明炸药及设立诺贝尔奖

1888年4月12日，一家法国报纸上出现了一条惊人的讣告标题：《死亡商人离世》。

读到这篇被误发的文章时，这位离死亡还很远的"商人"被这样的描述深深地震惊了。接着，他决定通过行动，确保自己最终真的死去时，人们会以更好的方式记住他。

因此，他决定成立一个基金会，该基金会每年会向数量有限的几个、在其一生中给社会创造了巨大价值和持久贡献的人颁发奖项及奖金。但是这项计划要等到基金创始人去世后才能开始执行。

这个人正是瑞典化学家和工程师阿尔弗雷德·诺贝尔，他的遗赠就是诺贝尔奖，世界上最负盛名的科学奖项。他希望这个奖项可以成为他永恒的遗产，这样他就不会仅仅留下炸药制造者的名声。

阿尔弗雷德·诺贝尔1833年10月21日出生在瑞典首都斯德哥尔摩。他兄弟姐妹一共八人，但只有四人活到了成年。阿尔弗雷德的父亲，伊曼纽尔·诺贝尔是一名工程师，他一直努力谋生。1837年，他离开了妻子安德烈尔特和孩子们，动身前往俄国的圣彼得堡，在那里开办了一家工厂，为俄国武装部队制造装备。

与此同时，在斯德哥尔摩，安德烈

尔特开了一家杂货铺为家庭提供急需的收入。她非常关注年幼的阿尔弗雷德，经常照顾因生病而缺课在家休养的阿尔弗雷德。

1842年，伊曼纽尔·诺贝尔的生意已经步入正轨，全家人都搬到圣彼得堡与他团聚。在那里，他请了家庭教师给孩子们上课，特别是为阿尔弗雷德教授所缺的部分课程。在斯德哥尔摩，阿尔弗雷德实际上只在学校接受了18个月正规教育。

阿尔弗雷德是一个模范学生，擅长化学和外语。他17岁的时候就可以流利地使用俄语、法语、英语、德语，当然还有瑞典语。不上课的时候，他喜欢去他父亲的工厂，在那里他很快就掌握了一些基础的工程知识。

老式的储存炸药的方法
如今，炸药棒会被装在单独的塑料袋中，以减少环境对其产生的影响

1850年，阿尔弗雷德被派往国外学习，以拓展他的技术视野。他特别喜欢巴黎。在巴黎的一个化学实验室工作时，他遇到了一位名叫阿斯卡尼奥·索布雷洛的意大利化学家。索布雷洛三年前发明了一种高爆炸性、易挥发的危险的液体：硝酸甘油。

诺贝尔对硝酸甘油非常感兴趣，他认为，如果可以找到更安全的方法制备硝酸甘油，这种爆炸物的用途将会非常广

一根 1890 年左右生产的阿尔弗雷德·诺贝尔炸药

泛。但那都是将来的事，眼前他需要先完成他的学业，所以他决定去美国获得更多的知识与经验。

1853年底，诺贝尔回到了圣彼得堡，加入了他父亲的公司。得益于克里米亚战争期间与军方签订的合同，他们的公司蓬勃发展。但到了1856年3月，俄国在战争中失败，订单也没有了。

这是毁灭性的打击，几年之内，公司的生意就变得非常糟糕，诺贝尔和他的弟弟艾米尔，还有他的父母都回到了瑞典，留下了两个年长一些的儿子卢德维格和罗伯特继续坚守在俄国，他们最终获得了成功。

阿尔弗雷德想起他之前对硝酸甘油的设想，决定以炸药作为未来的发展方向，特别是，他希望能找到一种安全处理炸药的方法。1863年，在建立了一个小工厂之后，他为一种全新的雷管申请了专利，这个专利降低了引爆过程的风险。然而，次年9月3日发生了一起可怕的事故，包括阿尔弗雷德的弟弟艾米尔在内的五个人，在运送一批硝酸甘油时，由于意外爆炸丧生。

位于挪威奥斯陆的诺贝尔和平中心

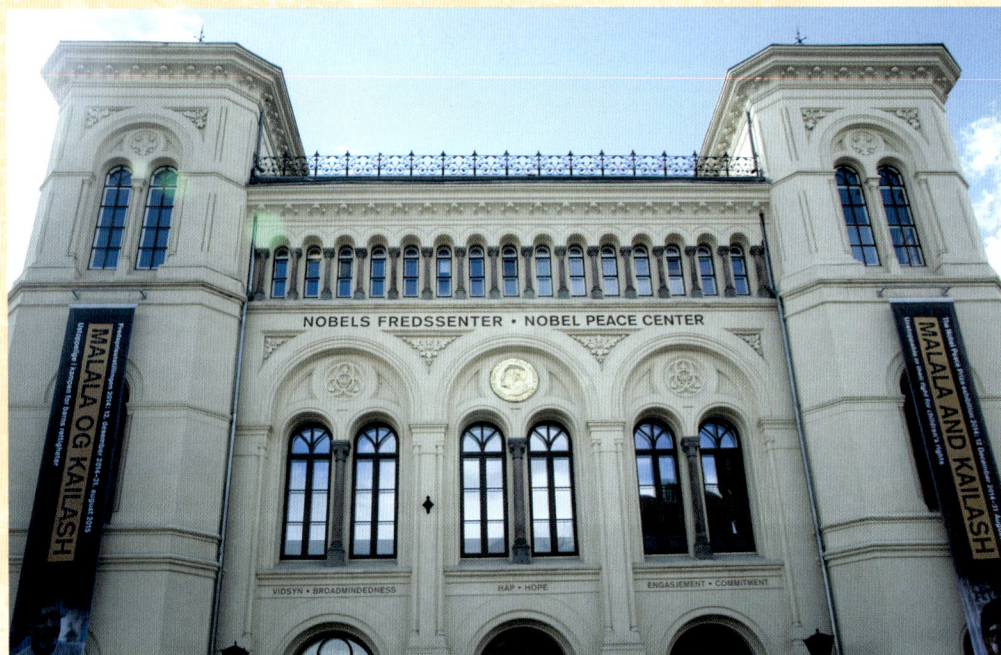

位于斯德哥尔摩市政厅的阿尔弗雷德·诺贝尔和他的基金会的纪念牌匾

尽管遭遇了如此惨痛的挫折，诺贝尔现在却比以往更加坚定决心要制造一种可控的炸药。1867年，他发现硝化甘油与一种吸收性惰性物质混合后，可以被塑造成短棒状或者棍状物。阿尔弗雷德发明的这种被称为黄色炸药的东西，很快在全世界得到广泛使用，彻底改变了建筑业。

诺贝尔没有停下脚步，随着实验的深入，他发现如果将硝化甘油与一种叫作硝化纤维的蓬松物质混合，将会生产出一种比黄色炸药更具威力的胶体炸药。这种炸药被命名为葛里炸药。葛里炸药很适合应用于采矿业，它为诺贝尔赚到了比黄色炸药更多的钱。

在接下来的几年里，诺贝尔在全世界建立了工厂网络。他终身未婚，喜欢到各地旅行，法国作家维克多·雨果称他为"欧洲最富有的流浪汉"。

1888年4月，诺贝尔在巴黎发现报纸的标题将自己称为"死亡商人"。事实上，这是因为报纸没有对事实进行核对，把阿尔弗雷德和他的哥哥卢德维格混淆了，卢德维格刚刚在法国南部的戛纳去世。

阿尔弗雷德又活了八年，1896年12月10日，他在意大利圣雷莫因中风去世，去世的前几年，他一直定居在那里。

直到诺贝尔的遗嘱公之于众，人们才知道他将自己的大部分财产都留给了诺贝尔基金会。这个不同凡响的先见之举，让人们永远因诺贝尔奖记住了伟大的诺贝尔，他不再仅仅是个靠炸药发家的商人。

德米特里·门捷列夫
Dmitri Mendeleev

1834年2月8日—1907年2月2日，俄国
编制元素周期表

俄国圣彼得堡大学化学教授德米特里·门捷列夫最近三天一直在与一个有点棘手的问题做斗争。按原计划，1869年2月17日上午，他本应该要去某个地方参加一个重要会议，由于他脾气暴躁，没有人敢告诉他就快赶不上火车了。

等意识到这一点，他决定不去参加会议了，又返回办公室继续工作。他试图将所有已知的化学元素根据它们的原子重量（现在被称为"相对原子质量"）和它们各自的特性，按照某种逻辑顺序组合起来。门捷列夫认为完成这个任务可能有助于揭示宇宙的起源。

然而，他太累了，不一会就迷迷糊糊地趴在书桌上睡着了。他做了一个梦，他声称正是这个梦给了他想要的答案："我在梦中看到了一张表格，所有的元素都按要求落在了它们应该在的位置上。醒来后，我立即把这些都写在了纸上。"

不到一个月后，1869年3月6日，门捷列夫向俄国化学学会提交了他的研究成果。所有人都震惊了：他似乎实现了其他伟大人物几百年来一直努力却未能完成的目标。在创建周期表的过程中，门捷列夫使化学被确立为一门主要科学，并为自己在历史上留下了一席之地。

德米特里·门捷列夫于1834年2月8日出生在俄国西伯利亚西部的小镇托博尔斯克，是家中14个或17个孩子（关于这一点说法不一）中的一个。他的父亲伊万·门捷列夫是当地一所学校的校长。不幸的是，德米特里出生后不到一年，他的父亲就双目失明，无法再工作了。

门捷列夫的纪念邮票

德米特里的母亲玛丽亚是个极其能干的女人，她把她父亲已经废弃的玻璃厂又重新经营了起来，养活一家人。

1847年，门捷列夫13岁时，他的父亲去世了。两年后，玻璃厂被大火烧毁。他的母亲要抚养他和他的妹妹莉莎。玛丽亚决定，让之前一直在托博尔斯克上学，就读于他父亲的老学校的儿子去莫斯科上大学。

门捷列夫第一张元素周期表的草图

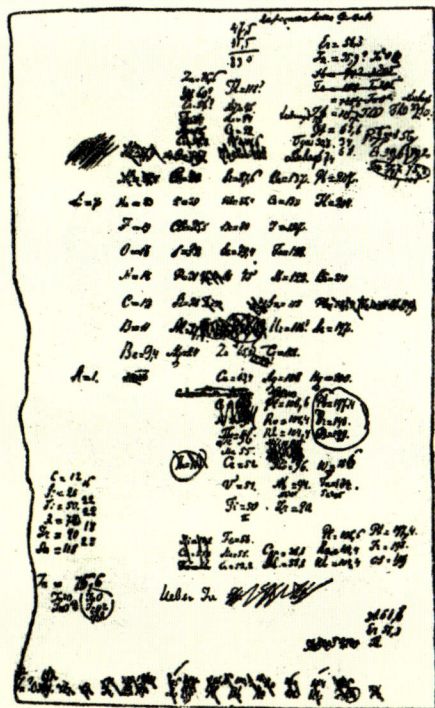

经过2400公里的路程，他们终于抵达了莫斯科。但门捷列夫被大学拒绝录取，并不是因为他不够优秀，而是当时大学的名额是严格按照每个省的配额制度来决定的，而西伯利亚还没有被纳入这个系统。

于是，他们又向北行进了650公里，来到了当时俄国的首都圣彼得堡。在这里，门捷列夫考入了中央师范学院，在那里学习自然科学和数学。不到十周后，他的母亲就去世了。临终前，母亲叮嘱门捷列夫要脚踏实地努力工作，不要驰于空想。他一辈子都牢记母亲的话。

一年后，他的妹妹莉莎也去世了。与

此同时，门捷列夫染上了肺结核，躺在了医院的病床上。长时间的休息后，他的身体终于恢复到有足够的精力可以在实验室里花越来越多的时间进行化学实验。

1855年，21岁的门捷列夫在取得教师资格后，曾被安排去克里米亚半岛辛菲罗波尔中学当老师。不幸的是，当他到达时正值克里米亚战争，学校已经关闭了。

除了回到圣彼得堡，他什么也做不了。他成了圣彼得堡大学的无薪讲师，靠向学生收取微薄的费用勉强维持生计。1859年，门捷列夫在政府的资助下移居国外学习化学，先是去了巴黎，后来又去了德国的海德堡。

1864年，他回到了圣彼得堡，在那里被任命为技术学院的科学教授，一年后又在圣彼得堡大学获得了类似的职位。

在他的科学生涯中，门捷列夫痴迷于寻找为化学元素进行分类的方法。1869年时，人们已经确认了63种化学元素。每种元素都由若干原子组成，赋予元素所谓的原子量。氢是最轻的元素，重量只有1，而铅——当时最重的元素——重达207。每种元素还具有各自的特性。

　　那时人们还没有找到按照一定的逻辑顺序来排列这些元素的方法。是应该根据原子量，还是应该按照原子的属性？或者应该把这两个因素都考虑进去？这就是门捷列夫想要解决的问题。他设计了一个表格，在这个表格中，元素在被他称为"周期"的水平行中按原子数排列，在被他称之为"族"的垂直列中按属性排列。表格中还为当时尚未发现的元素留下了空间。他的这一创造后来被称为"元素周期表"。

　　这简直太天才了，"元素周期表"的编制使当时已经有极高声望的门捷列夫进一步名声大噪。1890年2月17日他从圣彼得堡大学辞职，三年后被任命为度量衡局局长，直到1907年2月2日因患严重的流感而去世。

　　在他动荡的一生中曾结过两次婚。第一次是在1862年4月与费奥兹瓦·莱什切娃结婚。1882年5月，门捷列夫与前妻莱什切娃正式结束了婚姻关系。后来，他又与安娜·波波娃结婚了。

　　门捷列夫去世时，得奖无数。然而，遗憾的是，他未能获得诺贝尔化学奖。

现代的元素周期表

戈特利布·戴姆勒
Gottlieb Daimler

1834年3月17日—1900年3月6日，德国
研发汽油动力内燃机

1894年7月22日，在法国巴黎和鲁昂之间的公路上举行了世界上第一场汽车比赛，距离为126公里。17辆汽车以平均20公里/小时的速度完成了比赛，其中有9辆汽车由戴姆勒汽车公司生产的轻型汽油发动机驱动。

这是一个启示，显示出以蒸汽或天然气和石油为动力的重型低速发动机即将被迅速淘汰。

尽管实际上戈特利布·戴姆勒并没有发明汽车，但是他和他的商业伙伴威廉·迈巴赫一起发明了第一台真正高效的汽油四冲程内燃机。

戈特利布·威廉·戴姆勒于1834年3月17日出生在德国斯图加特附近的肖恩多夫。他14岁离开学校后，在一个枪械店当学徒，于1852年出师。之后，他在一家蒸汽机厂工作，22岁时获得了工头的职位。

1861年，戴姆勒移居巴黎，在那里，他对比利时人艾蒂安·勒诺设计的内燃机产生了浓厚的兴趣，这台内燃机

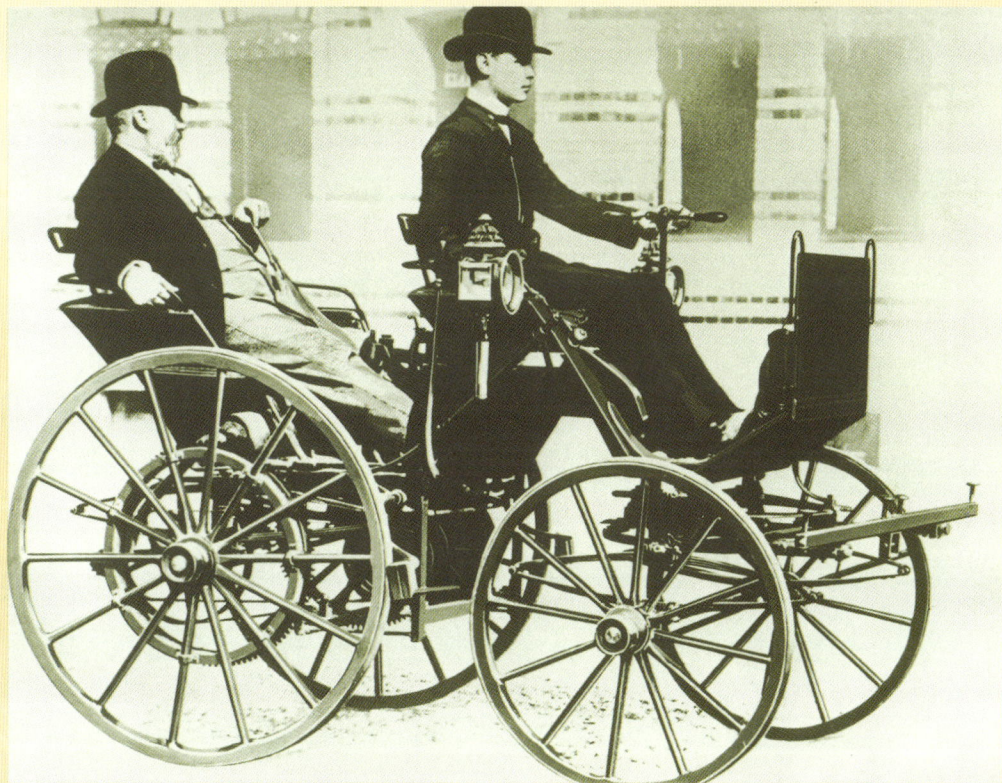

戈特利布·戴姆勒坐在第一辆戴姆勒汽车的后排

被认为是世界上第一台在商业上成功的二冲程内燃机。随后，戴姆勒前往被誉为技术之乡的英国，他在那里待了两年，为英国一些先进的工程公司工作。他到英国时恰逢1862年伦敦世界博览会，博览会上展示了大量的工业革命产品。

戴姆勒对展出的各种发动机非常着迷，但他发现这些发动机会被它们所使用的燃料所限制。他决心设计并生产一种可用于驱动任何类型的交通工具，特别是汽车的高效发动机。

戴姆勒于1863年回到德国，并在一家名为罗伊特林根兄弟会的公司获得了技术总监的职位。这家公司位于斯图加特以南几公里的罗伊特林根市，由慈善家古斯塔夫·维尔纳创立。

在那里，戴姆勒认识了威廉·迈巴赫，一个15岁的孤儿。迈巴赫是一个非常有才华的年轻人，无论戴姆勒给他安排什么任务，他都能出色地完成，两人成了亲密的合作伙伴。

1867年11月，戴姆勒与当地一位药剂师的女儿艾玛·库尔茨结婚。在1889年7月艾玛去世之前，他们共育有五个孩子。四年后，戴姆勒再婚，这次娶的是意大利佛罗伦萨的德国酒店老板莉娜·哈特曼，他在那里短住了几年。

1869年夏天，戴姆勒搬到了卡尔斯鲁厄市，在一家工程公司担任技术总监。他说服迈巴赫加入他的团队，他们花了大量时间讨论新型发动机的设计与生产。

三年后，他们去了科隆，在当时世界上最大的固定式发动机制造商道依茨燃气发动机公司工作。技术娴熟的工程师尼古拉斯·奥古斯特·奥托拥有该公司一半的股份。

1876年，奥托发明了世界上第一台四冲程发动机。这是一个突破，它有4米高，非常沉重，但功率只有半马力，无法用于驱动任何类型的交通工具。

戴姆勒和迈巴赫深信他们可以做得更好，他们对奥托的发动机进行了改良，将输出功率提高到了3马力。与此同时，奥托没有承认他们的贡献，自己却为新发动机申请了专利。

戴姆勒和迈巴赫一怒之下都辞职了，在斯图加特附近的坎斯塔特镇成立了自己的公司。他们在一间农舍的作坊里经营业务，经常通宵达旦地工作。这惊动了他们的邻居，邻居们以他们涉嫌造假为由向警方报了案。警方从园丁那里获取了钥匙，趁戴姆勒和迈巴赫外出时突击搜查了他们的住所。令邻居们失望郁闷的是，警方并没有发现造假的证据，只看到了一些发动机的零件。

1883年12月，戴姆勒和迈巴赫已经对奥托的原始设计进行了大量改良，他们终于获得了属于自己的专利。这种新的以汽油为燃料的轻型四冲程发动机被成功地应用在了早期的摩托车、船和飞艇上。

2009年德国发行的纪念戴姆勒早期汽车的邮票

随后，新型发动机的销量激增。不过直到1889年，这种发动机才开始被用于驱动汽车。这款被称为"Stahlradwagen"（钢轮车）的车由戴姆勒和迈巴赫设计，是一款四轮双座车，最高速度可达24公里/小时。

遗憾的是这款车并没有在商业上取得很大的成功。公司单独销售的发动机不够多，因此在商业上不太可行。戴姆勒和迈巴赫急需大量现金，于是同意让一些投资者注入资金，并于1890年11月成立了一家新的上市公司——戴姆勒汽车公司，简称DMG。

然而，投资者和创始人很快就闹翻了，1891年2月，迈巴赫辞职。戴姆勒非常不快，他说服投资者——也就是公司现在的管理者——允许他与迈巴赫单独成立一个独立的研发部门。

DMG濒临倒闭时，他们的事业却蒸蒸日上。绝望的投资者们设法将戴姆勒和迈巴赫再一次请回来。尽管他们尽了最大的努力，但DMG仍然无法盈利。

1900年1月，戴姆勒已经筋疲力尽，医生命令他在家里休息。两个月后，3月6日，他因心脏病去世。

一辆1896年的戴姆勒皮带传动汽车

1978年，戴姆勒被列入了汽车名人堂。他彻底改变了公路运输，他的名字至今仍是高质量汽车的代名词。

但讽刺的是，据说他从未学过开车，比起开车，他更喜欢当一名乘客。

威廉·伦琴
Wilhelm Röntgen

1845年3月27日—1923年2月10日，德国
发现X射线

1896年1月7日，法国著名数学家亨利·庞加莱在巴黎的家中收到一个神秘包裹，包裹里有一封信和几张不同寻常的照片，看起来似乎是人手骨骼的轮廓。

这些照片是德国物理学家威廉·伦琴寄给庞加莱的。信中解释说，这些骨头是他自己的，是用一种新发明——X射线机拍下的。庞加莱觉得很有意思，特别是伦琴说他还把同样的照片发给了欧洲其他著名科学家，希望他们能帮助他宣传这一发现。

不难想象，庞加莱和其他科学界人士认真审视这一成果时，当然少不了对伦琴的宣传与认可。这些照片一经发表就引起了轰动，牢固地确立了他在科学界的地位。

可能唯一一个对这一伟大发现不以为然的是他最亲近的人——伦琴的妻子安娜。在看到自己手部的X射线图像时，她吓了一跳，惊恐地喊道："我看到了我的死亡！"

尽管安娜心存疑虑，但是伦琴的发明还是被誉为一个重要的科学里程碑。它改变了医学诊断的方式，使医生第一次能够不必进行侵入性手术就能探索人体内部。

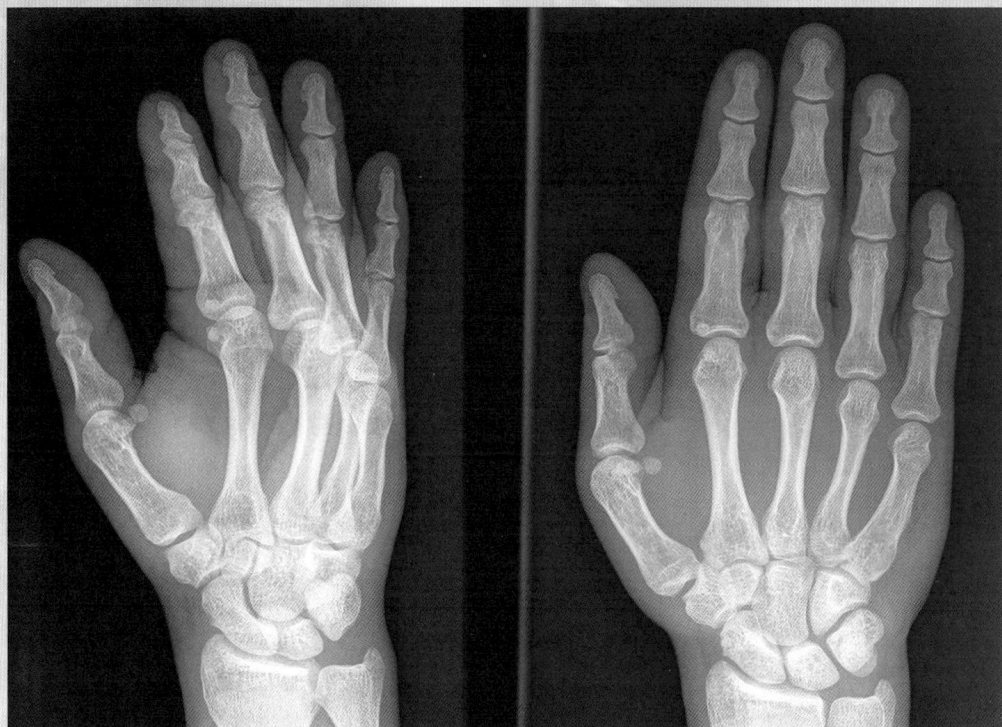

人手的 X 射线图像

后来，包括法国的亨利·贝克勒尔，还有玛丽·居里和皮埃尔·居里在内的很多科学家，都承认伦琴的发现在他们的放射性研究中有着非常重要的作用。

威廉·康拉德·伦琴于1845年3月27日出生在德国西北部的小镇伦内普，是纺织商人弗里德里希·伦琴和他的荷兰妻子夏洛特的独生子。威廉三岁时，这个小家庭搬到了荷兰中部的城市阿帕尔多伦。稍微长大一些后，伦琴就被父母送进了一所收费的寄宿学校——马尔廷尼斯·赫尔曼·凡·多伦学院。他虽然很聪明，但并不特别好学，喜欢逃课去周围的乡村四处游荡。

1862年，伦琴进入乌特勒支市的一所技术学校学习。然而第二年，他就因为被指控给一位老师画讽刺画而被学校开除了。事实上，这是另一位同学画的，但伦琴拒绝透露是谁。

他现在面临一个重大问题，由于很早就离开了学校，他没来得及获得一些必要的资格证书，所以乌得勒支大学不允许他以正式学生的身份进入大学学习，只能按访客

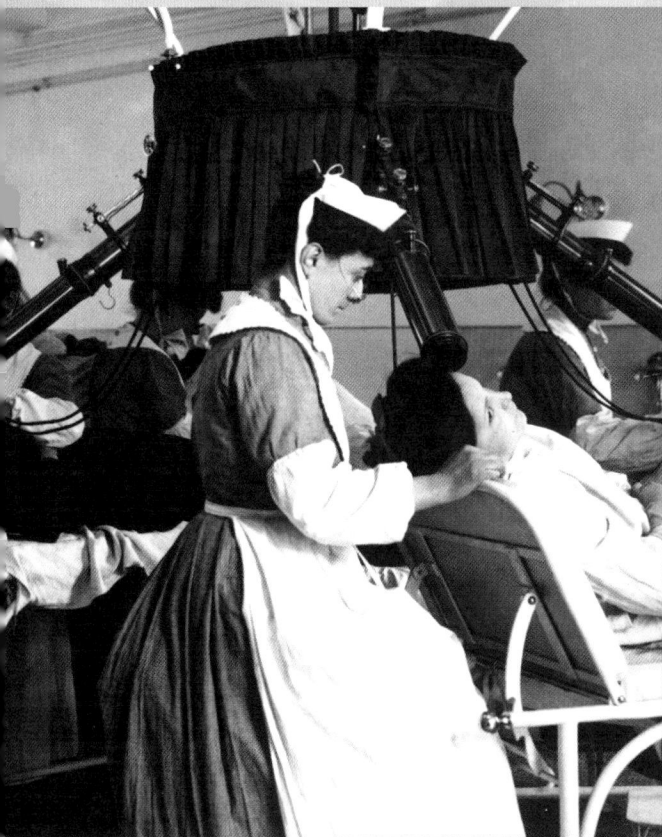

1900 年的早期的 X 射线机

的身份对待他。但他在瑞士苏黎世的联邦理工学院受到了欢迎，在通过入学考试后，他于1865年开始在那里学习。三年后，他获得了机械工程专业的文凭。之后，他又来到苏黎世大学，并于1869年获得物理学博士学位。

在大学期间，伦琴极大地受到了他的物理学教授奥古斯特·昆特的影响。因此，当昆特邀请他留在苏黎世担任自己的特别助理时，他感到非常荣幸。伦琴后来陪着昆特去了德国巴伐利亚州北部的维尔茨堡大学，1873年他们又去了法国东北部的斯特拉斯堡大学。在这里的第二年，伦琴获得了他人生中的第一个学术职位，成了一名讲师。这时的伦琴已与安娜·贝塔·路德维希结婚，安娜是咖啡馆老板的女儿，他们俩是在苏黎世认识的。

之后，伦琴又来到德国斯图加特的霍恩海姆农业学院担任物理学教授。不过，伦琴一直非常怀念斯特拉斯堡大学的环境与设备，于是，1876年他又回到了这个曾经工作过的地方，讲授理论物理学课程。

三年后，伦琴被任命为德国吉森大学的物理学教授，一直到1888年才又回到了维尔茨堡。1894年，他被任命为大学校长，并开始了他开创性的研究，最终发现了X射线。

19世纪90年代初，伦琴已经发表了许多关于晶体的导热性和气体吸收热量等课题的论文，受到好评。1895年11月8日晚上，伦琴在黑暗的房间里获得了19世纪最重要的科学突破之一。在使电流通过用黑纸覆盖的玻璃真空放电管（或称阴极射线管）时，他不慎将一块铺满荧光矿物的纸板遗落在设备附近。他惊奇地发现，当阴极射线运行时，纸板会发光。

他的结论是，射线与玻璃管壁撞击时产生了一种辐射，这种辐射会穿过纸板，使其发光。伦琴想知道这种射线还能穿透什么，于是他用一块底片替换了纸板屏幕，说服他的妻子将手放在射线的路径上，重新启动了整个程序。

结果，屏幕上显现出了她手骨幽灵般的轮廓，甚至还能看到结婚戒指。伦琴制作了世界上第一张X射线图像。之所以叫X射线，是因为当时伦琴并不想用自己的名字去命名这个未知的射线。

实验结果一经公开，伦琴就在国际上名声大噪。1901年，伦琴成为世界上第一个诺贝尔物理学奖得主。1923年2月10日，伦琴在德国慕尼黑去世。伦琴是一个纯粹的利他主义者，他一直拒绝为自己的杰出发现申请任何专利，他更愿意将其用于造福人类，而不是为自己获取经济回报。

机场安检的X射线图像，可以看到左边的包里有一把枪

托马斯·阿尔瓦·爱迪生
Thomas Alva Edison

1847年2月11日—1931年10月18日，美国
各种发明，包括改进灯泡和发明留声机

托马斯·阿尔瓦·爱迪生15岁的时候就已经尝试过各种可以谋生的事了，包括在火车上向乘客兜售糖果、蔬菜和报纸。然而，这些都不能满足他对成功的渴望。最重要的是，他想在发展迅速的电气科学领域谋得一份工作。

但这样的机会并不多，自学成才的爱迪生因看不到希望而越来越感到沮丧。直到1862年的某一天，他的命运发生了改变，他从一列失控的火车下救下了一个3岁的男孩。

男孩的父亲非常感激爱迪生，作为报答，他给爱迪生提供了一份见习电报员的工作。少年爱迪生立即开始了他的人生旅程，日后他将成为美国最多产、最具影响力的发明家。

托马斯·阿尔瓦·爱迪生于1847年2月11日出生在俄亥俄州的小镇米兰。他是塞缪尔·爱迪生的第七个孩子，也是最后一个孩子。塞缪尔·爱迪生是一位流亡的加拿大政治活动家，他的妻子南希是一位教师。

1854年，年幼的爱迪生7岁时，

他们全家搬到了密歇根州休伦港，他的父亲在那里做起了肥皂和发酵粉等物品的生意。

大约就在这个时候，爱迪生染上了猩红热，还感染了耳炎。他在学校里并不是个好相处的学生——他觉得这很无聊，再加上一定程度的耳疾使他更加落后。校长对他十分恼火，甚至还给他贴上了"一个难以置信的愚蠢和难以对付的男孩"的标签。

南希·爱迪生对儿子受到的这种不公待遇十分愤怒，她让儿子退了学，决定自己在家教他。爱迪生当时只有8岁，他接受的正规学校教育到此结束。

12岁时，爱迪生说服父母让他出去谋生。他找到了一份工作，在往返于休伦港和底特律之间的火车上做售货员。

他展现出了天生的创新气质，自己制作了一份报纸《先驱周报》，在上面介绍最新的铁路新闻。事实证明，这份报纸非常受欢迎。

与此同时，爱迪生也没有停下自己对于科学的追求，他在行李车厢中进行了一系列的实验。不幸的是，他的一些化学药品失控着火，一场大火点燃了车厢。

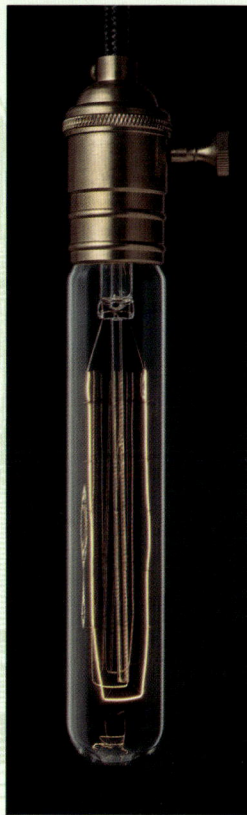

一个早期的爱迪生灯泡

列车长看到发生的一切后非常愤怒，狠狠地对着爱迪生头部打了一拳，并把他扔下了火车。这无疑加重了爱迪生的耳聋。

爱迪生就此被禁止上火车，他只好在沿途的各个车站卖报。1862年，改变命运的一天来到了，他从失控的火车下救了小男孩，得到了一份实习电报员的工作，从此改变了自己的一生。

爱迪生很快提高了自己的工作效率，他这样的技术在休伦港地区以外的地方也很受欢迎。1866年，19岁的爱迪生在美联社分社找到了一份工作，搬到了肯塔基州的路易斯维尔。

托马斯·爱迪生在他的实验室里

　　两年后，爱迪生又来到波士顿碰运气，在那里为西联公司工作。在这里，他开发了一种电子投票记录器，这是他1000多项发明专利中的第一项。

　　1869年，爱迪生又来到了纽约，在那里他发明了"股票打印机"，这台机器可以监测纽约证券交易所的股价，并通过电报系统将股价传递给交易商。

　　这项发明让黄金股票电报公司耳目一新，他们决定用4万美元购买这项专利。年仅22岁的爱迪生一下成了富翁。

　　1870年，爱迪生决心成为一名全职的发明家，他在新泽西州的纽瓦克建立了实验室和工作室。他最早的雇员之一，16岁的玛丽·史迪威，1871年成了他的妻子。

　　爱迪生非常成功，1873年，他的"四路多工电报"以10万美元的价格售出，这种机器可以在一根电线上同时发送和接收四种不同的电报信号。

爱迪生快速扩张了自己的业务，1876年，他在新泽西州门洛帕克购置了一块14公顷的土地，在那里建立了一个重要的研发基地。这是世界上第一个研发中心。

突破性的发明接踵而至。其中就包括一台在1877年7月发明的可以记录和播放声音的机器，它被称作留声机，是史上第一台电唱机。这台机器引起了极大的轰动，爱迪生还应邀到白宫为美国总统拉瑟福德·B.海斯进行演示。

爱迪生无疑在发明新产品方面是个天才，但他也对别人的发明进行改良，例如他对电灯泡进行的改良使其能持续工作长达40小时，而不再只是几分钟。

1884年8月，爱迪生遭遇了重大挫折，他的妻子病逝了。她当时只有29岁，给爱迪生留下了3个年幼的孩子。两年后，当时39岁的爱迪生再婚，娶了20岁的米娜·米勒，她是另一位发明家的女儿。他们后来也生了3个孩子。

1931年10月18日，爱迪生因糖尿病并发症在新泽西州西奥兰治的家中去世。在此之前，他一直没有停止过工作。

爱迪生去世时，就已经获得了多项国际大奖和荣誉。1997年，《生活》杂志将他列为"过去1000年中最重要的100位人物"的榜首。

几乎没有人对这个排名产生异议。

爱迪生的留声机

亚历山大·格拉汉姆·贝尔
Alexander Graham Bell

1847年3月3日—1922年8月2日，美国
发明电话

一个小男孩把家里的宠物狗带到客厅，他要向父母和兄弟们证明他已经教会狗说话了。小男孩让狗张开嘴，按住它的喉部，狗发出了一连串家人以前没有听到的奇怪声音。

尽管他知道这只狗永远都不可能"好好说话"，但这个男孩仍然梦想着有一天能发明一种机器，让人们即使隔着很远距离也能交谈。他的名字是亚历山大·格拉汉姆·贝尔。

贝尔于1847年3月3日出生在苏格兰的首都爱丁堡。他的父亲，也叫亚历山大，在爱丁堡大学讲授音韵学和演讲学。

贝尔的母亲伊莱扎重度失聪，因此他对声音和语言特别感兴趣。他非常希望能帮助失聪的人过上更充实的生活。

贝尔一直在家接受教育，直到11岁时进入爱丁堡皇家中学，但他在学业上并不十分出色。15岁时，贝尔来到伦敦和祖父一起生活。他从祖父那里学到了很多东西，12个月后，他回到苏格兰，下定决心努力学习。

1867年，贝尔的弟弟爱

贝尔的第一通长途电话

德华死于肺结核，接着他的哥哥梅尔维尔也在1870年去世。由于担心23岁的贝尔也会因染病去世，他的父母决定移民加拿大，并在安大略省布兰特福德附近买了一个农场。

贝尔的健康状况在那里迅速好转。那时，他已经对科学，尤其是对电学和声学产生了浓厚的兴趣。他相信有一天人们一定可以通过电线，以电子的方式传输语音。他称之为他的"谐波电报"。

与此同时，贝尔提出了将文字翻译成可视化语言符号的想法。事实证明，这给失聪人士提供了宝贵的帮助。

1873年，在一所聋哑学校担任教师的贝尔被任命为波士顿大学演讲学院的声乐生理学和演讲学教授。在那里，他收了一些私人学生，其中包括一位15岁的聋哑女孩梅布尔·哈伯德。4年后，梅布尔成了贝尔的妻子。

虽然贝尔当时的工作重点与听障人士相关，但他并没有忘记他的谐波电报机。因此，他聘请了电气设计师和机械师托马斯·沃森作为助手，开始了一系列关于发射器和接收器的艰苦实验。但无论他们如何努力，似乎都没有成效。

直到1875年6月2日傍晚，贝尔在一个房间里捣鼓着接收器，沃森在另一个房间里摆弄着发射器。突然，贝尔从接收器中听到了一个微弱的声音，就像一个音符。出于好奇，他问沃森做了什么。

沃森有些疑惑，解释说是发射器卡住了，在试图修理时，他不小心拔掉了机器里的一根电线。贝尔让沃森再试试，他们得到了同样的结果。贝尔欣喜若狂：他们似乎已经证明了通过电线传送声音的可能性。

贝尔精神焕发地投入到这个项目中。在一些投资人的帮助下，他从大学离职，专心致志于改进自己的发明。

贝尔非常确信自己这项被称为"电话"的发明此时已经成为现实，于是他申请了一项关于声音传输的美国专利，该专利于1876年3月7日获得批准。

三天后，贝尔和沃森像往常一样，在不同的房间里认真工作。偶然的恍惚中，贝尔不小心把一些电池酸液洒在了身上，他大声向沃森呼救，却忘了沃森离得太远，应该听不见他的叫声。

突然，沃森出现了，他激动不已：沃森通过接收器听到了贝尔说的每一个字。贝尔对被酸液灼伤的痛苦已经浑然不觉了，接下来两人在整个晚上都在继续传送和接收对方的声音。

贝尔和他的投资人试图以10万美元的价格将该专利卖给西联公司，但公司总裁拒绝了，他认为电话只是一个玩具。两年后，总裁对自己当时草率的决定深感后悔，他承认就算以2500万美元的价格买下这项专利也是划算的。

那时，贝尔已经成立了贝尔电话公司。令投资人欣喜的

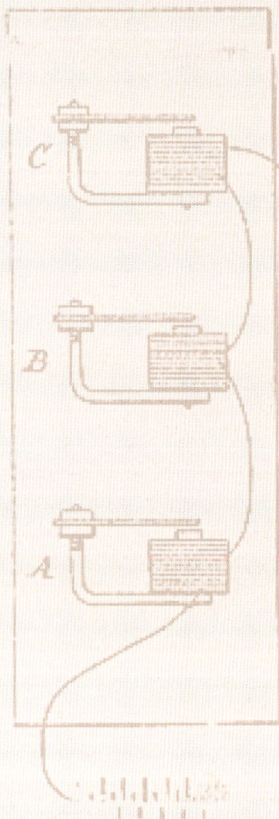

是，公司生意兴隆，钱财滚滚而来。

在接下来的几年里，公司蓬勃发展，贝尔也成了世界上最著名的人物之一。但事情并不总是那么一帆风顺的，在18年的时间里，贝尔电话公司曾面临近600次专利法律诉讼，不过都以贝尔胜诉告终。

电话成为有史以来最受欢迎和最成功的产品之一后，贝尔开始在其他领域上发力，包括航空、水翼、医学研究和金属探测。

1922年8月2日，贝尔在位于新斯科舍省布雷顿角的家中去世，享年75岁。在他的一生中，他获得了许多奖项，还有世界顶级大学的荣誉学位和博士学位，以及杰出社团的成就奖章。

美国专利局把贝尔列在全国最伟大的发明家名单的首位，苏格兰国家图书馆也把他列为历史上最伟大的十位苏格兰科学家之一。

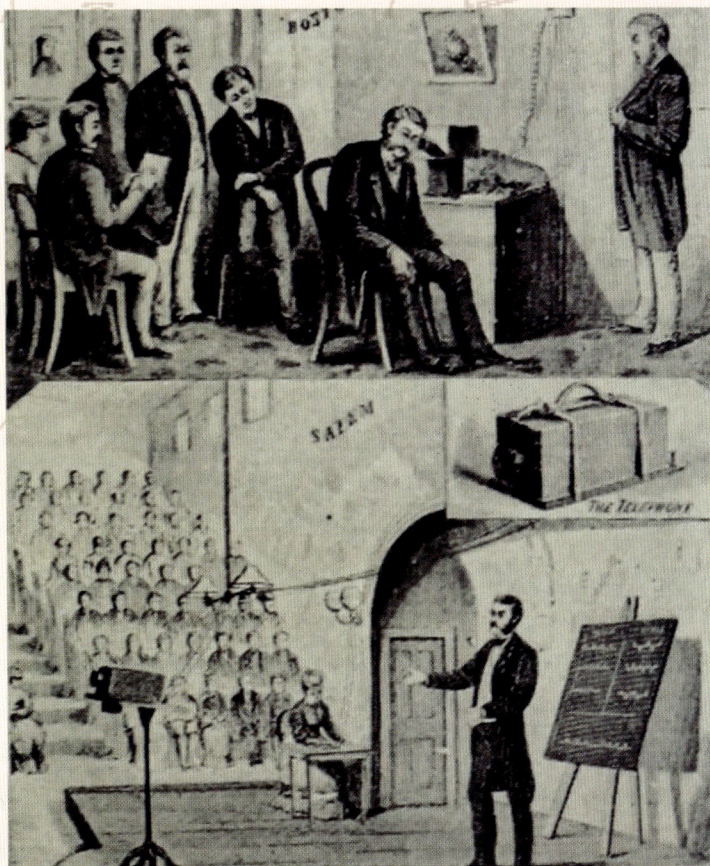

1877年，在塞勒姆和波士顿为公众进行的电话演示

尼古拉·特斯拉
Nikola Tesla

1856年7月10日—1943年1月7日，美国
开发现在使用的交流电系统

如果问人们"特斯拉"对他们来说意味着什么，大多数人可能都会回答是一款高性能的电动汽车。当然，他们说的也没错。但如果问到这款电动车是以谁的名字命名的，人们或许就不那么清楚了。

答案是尼古拉·特斯拉。他是一位塞尔维亚裔美籍发明家、物理学家、工程师，也是一位真正的远见卓识者，他设计的交流电供电系统为科学界做出了重大贡献。事实上，在当时，他的交流电机和电力系统被人们称赞为电话之后最伟大的发明。

然而，与发明电话的亚历山大·格拉汉姆·贝尔不同，特斯拉后来一直贫困且默默无闻，是一位孤独而苦恼的天才。

尼古拉·特斯拉于1856年7月10日出生在斯米利亚村的一个塞尔维亚家庭，斯米利亚村当时属于奥匈帝国，如今在克罗地亚境内。他的父亲米卢丁是一位塞尔维亚东正教牧师。

特斯拉从小就和与他同时代的人明显不同，他能记住整本书的内容和复杂的对数。这些不同寻常的能力对他以后的生活大有帮助。

1873年，特斯拉仅用三年时间就完成了四年的高中课程，但却染上了霍乱，

病倒了九个月。幸运的是，他最终康复了，并获得了奥地利格拉茨理工学院的奖学金，在那里学习电气工程。

起初特斯拉表现出色，考试成绩名列前茅。但后来他沉迷于赌博，学业每况愈下，最后还失去了奖学金。1878年12月，他离开了学校，未能毕业。

随后，特斯拉和家里所有人都断了联系，消失在斯洛文尼亚的马里博尔市。他在街上做做杂活、打打牌度日。1879年3月，他的父亲在这里找到了他，恳求他回家。

精神崩溃的特斯拉拒绝了父亲的请求。不过，不久之后，他还是因为没有合法的斯洛文尼亚居留证，在警察的护送下回家了。

正忙于研究和规划工作的特斯拉

特斯拉在他以前的高中教了几个月书，随后他的两个叔叔同意资助他去布拉格上大学。但他再次没能毕业。

尽管特斯拉在学业上略有欠缺，但他仍然对电气工程情有独钟。他现在彻底痴迷于电磁场和一种由交流电而非直流电驱动的新型电机。直流电的局限在于它只能朝一个方向流动，然而，交流电可以在一秒钟内改变方向五六十次。

1882年，特斯拉移居到了巴黎，在一家公司工作，这家公司最终归于美国伟大的发明家和实业家托马斯·阿尔瓦·爱迪生。特斯拉极强的工作能力给雇主留下了深刻印象，他被派往法国和德国的爱迪生公司执行排除故障的任务。

随后，1884年6月，特斯拉移民美国。在到达纽约时，他

在节日庆典中寓教于乐的特斯拉线圈

身上只有4美分。他身上有一封爱迪生公司前高级雇员查尔斯·巴彻勒的信，查尔斯让他把这封信交给托马斯·爱迪生本人。这封信中写着："亲爱的爱迪生：我认识两个伟大的人，一位是你，另一位就是这个年轻人。"

特斯拉因此在曼哈顿下东区的爱迪生机械厂得到了一份工作。该公司正在努力维持世界上第一个大型公共电力供应系统，他的主要任务仍旧是排除故障。然而，这个供电系统存在一个重大缺陷：它依赖于直流电。如果不经过一系列的发电站，直流电的传输距离不能超过3.2公里，因此它并没有掀起太大的波澜。

印着特斯拉头像的塞尔维亚100第纳尔纸币

特斯拉尽其所能，然而，他的工资并不高，答应给他的奖金也没有兑现。所以，半年后他就辞职了。在两个当地商人的资助下，他成立了自己的电力照明公司，很快就为自己设计的新型发电机申请了专利。

实际上，比起新型发电机，投资者们对开发能赚钱的电力设施更感兴趣。情况不能再糟了：他们夺走了他的专利，特斯拉被迫出局，身无分文。为了生存，1886年到1887年的冬天，他都在挖沟渠，赚取每天2美元的报酬。

不过，当西屋公司的负责人乔治·西屋意识到特斯拉的交流系统可以解决美国各地的远距离有效供电问题时，特斯拉的命运发生了巨大的变化。乔治向特斯拉支付了6万美元的现金还有股票来购买他的专利权，生意走上了正轨。

爱迪生对此怒不可遏，在公众中展开了一场声势浩大的运动，诋毁特斯拉和交流系统，但这无济于事。交流电已经赢得了胜利，成为20世纪的标准电力系统。特斯拉的发明真正改变了世界。

1901年，特斯拉开始在长岛建造一座高57米的无线发射塔。这是为了在全世界范围内传输和接收信号和电力。然而，在塔建成之前，他就没钱了。他随即宣布破产，从此销声匿迹，在纽约一家小旅馆里度过了余生。

1931年，在特斯拉75岁生日之际，他出现在了《时代》杂志的封面上，科学界——再一次——承认了他出众的才华。

他一生未婚，1943年1月7日独自去世时，仍住在旅馆里，享年86岁。虽然他或多或少也算是位隐士，但仍有2000多人参加了他的葬礼。

位于贝尔格莱德的尼古拉·特斯拉博物馆

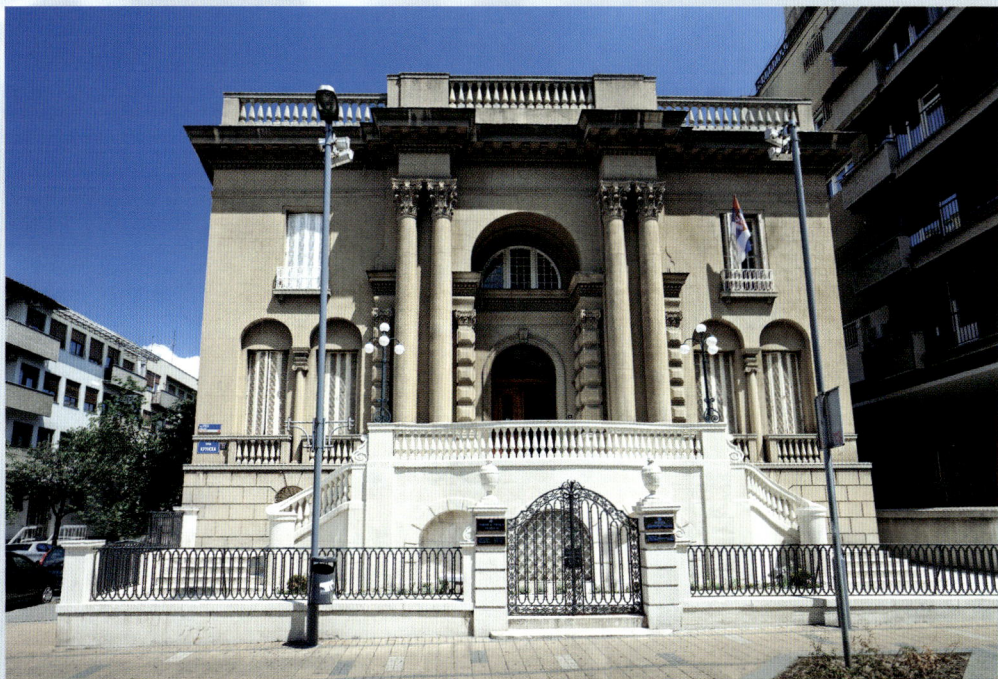

玛丽·安德森
Mary Anderson

1866年2月19日—1953年6月27日，美国
发明第一个实用性的雨刷器

　　纽约的雪越下越大，越下越急，有轨电车的司机几乎看不清前方的状况。他只好将挡风玻璃从合叶上卸下来，以便获得更好的视野。但这样做对坐在车里的乘客，包括司机自己来说，都很不舒服。

　　阵阵冷风迎面吹来，每个人都瑟瑟发抖，希望尽快结束这段旅程。其中一名叫玛丽·安德森的乘客望向街道，她注意到一些司机在驾驶汽车时，从侧窗伸出了头。其余的司机都已经纷纷靠边停车，和电车司机一样，他们也看不清前方的路，与其放下挡风玻璃或侧窗，还不如等大雪停了再走。

　　安德森把这一切都看在眼里，她开始思考为什么没有汽车制造商能在下雪或下雨时使挡风玻璃保持干净。此时是1902年，虽然当时汽车还是个稀罕东西，但其数量一直在增加。

　　正在纽约拜访朋友的安德森无法停止思考，她认为这是一个重大的安全隐患。不仅是纽约，在美国各地，汽车都即将取代马车，任何可能存在的汽车隐患都不应被忽视。

　　她认为，需要一种在车内操作的，可以在挡风玻璃上来回扫动，使玻璃保持干净清晰的装置。

19 世纪末的纽约曼哈顿，有轨电车、马车和行人在积雪覆盖的道路上穿行

　　安德森1866年2月19日出生在亚拉巴马州格林县伯顿山种植园，这个种植园是她父母的。这是所谓的重建时期，长达四年的美国内战已于她出生前一年的5月份结束，大家都在期待一个积极而又和平的未来。

　　关于安德森的早年生活，我们知之甚少，只知道她的父亲约翰在她四岁时就去世了，留下母亲丽贝卡独自抚养玛丽和她的妹妹芬妮。1889年，这个小家庭搬到了亚拉巴马州最大的城市伯明翰。玛丽在这里展现出了令人印象深刻的企业家气质。她在伯明翰郊区建了一栋公寓楼，很快带来了一笔可观的收入。四年后，1893年，她搬到了加州的弗雷斯诺，她在那里建立并管理着一个葡萄园和一个养牛场。直到1898年，为了照顾年迈的阿姨，她又回到了伯明翰，

　　1902年的冬天，安德森在纽约乘坐电车时，看到司机艰难地透过被积雪覆盖的挡风玻璃寻找道路方向，她本能地意

识到了需求所在。在下车之前，她已经有了大致的主意。

回到伯明翰后，安德森花了几个月的时间来完善她设计的新装置，并找了一家当地的公司生产出了一个工作模型。它由两套装有弹簧的木条和橡胶条组成，安装在汽车挡风玻璃上，可以通过转动方向盘附近的手柄来操作。

在确定她的发明可以正常工作后，安德森马上就申请了美国专利。该专利于1903年11月10日获得批准，有效期为17年，专利名称为"电力车和其他车辆的车窗清洁装置，用于清除车窗上的冰雪"。安德森雨刷器的特点之一是，它在天气晴好的时候可以被拆卸下来。

在申请了世界上第一个挡风玻璃雨刷器的专利后，安德森接下来开始着手推广她的独特发明并希望从中获利。但令她惊讶和失望的是，没有人愿意接受这一发明。一家公司的答复是："我们认为它没有商业价值，不值得我们售卖。"

更糟糕的是，安德森还在一些方面受到了批评，因为有人认为雨刷器的移动会分散司机的注意力，从而导致事故发生。这太讽刺了：安德森出于对驾驶员安全的考虑，才发明了雨刷器，而今它却成了被批评的目标。

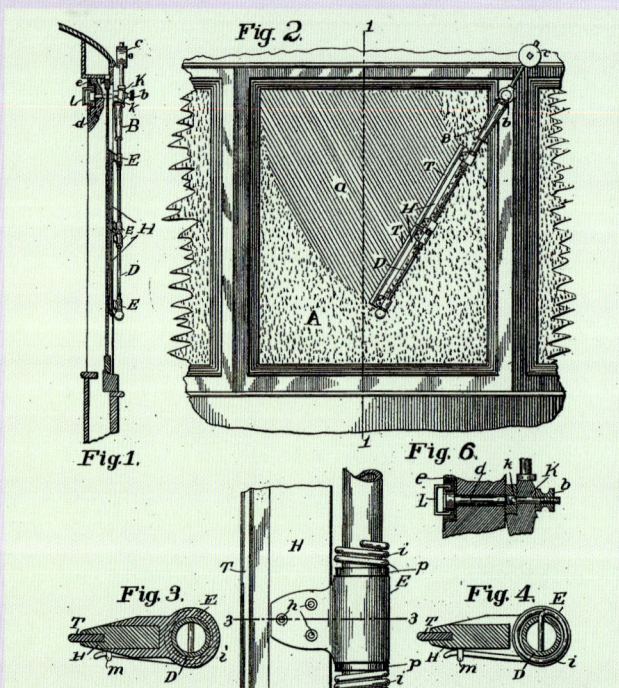

玛丽·安德森的"窗户清洁装置"示意图

使用雨刮器前后，视野的清晰程度有着明显的差异

　　遭到拒绝后，安德森心灰意冷，干脆放弃了尝试。很奇怪，她一开始抱有如此高的期望，之后又如此轻易地放弃。这项专利于1920年到期时，她都没再去续费——她认为没有任何意义。

　　然而，随着汽车工业的发展，道路上的车辆越来越多，又有其他人也开始考虑雨刷器的问题。1917年，一位名叫夏洛特·布里奇伍德的女士获得了名为"电动风暴挡风玻璃清洁器"的美国专利。这个专利被认为是第一个由汽车发动机提供动力的自动雨刷器，而不是像安德森的雨刷器那样需要手动操作。

　　不幸的是，布里奇伍德雨刷器的表现并不比安德森的好。1920年12月，来自纽约州布法罗的约翰·R. 欧意诗为一种改良过的雨刷器申请了专利，这种雨刷器终于被普遍接受了。

　　安德森在亚拉巴马州的伯明翰静静地度过了余生，她一直在那里管理公寓楼。她一生未婚，1953年6月27日在田纳西州蒙特格尔的避暑别墅里去世，享年87岁。

　　虽然她生前几乎没有得到任何认可，但在2011年，安德森入选了美国国家发明家名人堂。这应该是对发明了世界上第一款雨刷器的女性最好的致敬。

雷金纳德·费森登

Reginald Fessenden

1866年10月6日—1932年7月22日，加拿大
第一次用无线电传输人类的声音

意大利科学家古列尔莫·马可尼是无线电的先驱者之一。他最初是因用无线电信号传输莫尔斯电码，而不是传输人声而闻名的。

世界上第一个用无线电传输语音的人是雷金纳德·费森登，一个籍籍无名的加拿大人。1900年12月23日，他完成了这项创举。因此，可以说，作为"广播之父"，费森登值得被人们记住。

除了无线电研究外，费森登注册了250多项发明专利，从电动陀螺仪到他所谓的"声波测深仪"（一种用于测量船体下水深的仪器）。其他的发明还包括战舰的涡轮电驱动装置，以及被称为"声呐"的装置，潜艇可以通过这种装置互相定位。尽管他的天赋显而易见，但在大部分时间里，费森登都在为获得认可和经济回报而奋斗。

雷金纳德·费森登是家中四个孩子中的长子，于1866年10月6日出生在加拿大魁北克的东博尔顿。他的父亲埃利沙是一名圣公会牧师，妻子克莱门蒂纳是他的得力助手。雷金纳德还是个小男孩的时候，一家人搬到了安大略省的弗格斯镇，又从那里搬到了尼亚加拉大瀑布附近的一个叫作奇

帕瓦的村庄。

　　由于父亲工作的需要而多次进行搬家，小费森登的早期教育有些断断续续，直到9岁时，他才正式就读于安大略省尼亚加拉瀑布市的德沃克斯军校。在那里待了一年后，费森登被送到安大略省霍普港的三一学院，他在那里一直待到1879年夏天，并以优异的成绩毕业。

　　接着，他从那里转到了伦诺克斯维尔的主教学院，并在那里度过了两年，随后升入主教学院的高年级，一直待到了18岁。在获得北大西洋英属百慕大岛的惠特尼学院的教职后，他没完成学位就离开了。

雷金纳德·费森登在工作

一台用于收听早期的广播节目的老式收音机

事实证明，收音机立刻受到了所有人的喜爱

在整个求学生涯中，费森登在数学、音乐和语言上一直表现出了相当的天赋。同时，他对科学也极为感兴趣，并且非常崇拜美国杰出的发明家和实业家托马斯·爱迪生。因此，在百慕大待了两年后，费森登辞职前往纽约，他给这位伟人写了一封信，申请在他的一家工厂里工作。

起初，他被拒绝了，但在工厂门口转悠了几个星期后，他最终被工头聘为仪器测试员。1886年底，因为他的表现非常出色，爱迪生雇佣他做自己的助手，在新泽西州的主工厂工作，在那里他可以进入世界上最先进的实验室之一。

然而，1890年，爱迪生遇到了财政困难，被迫解雇了许多员工，其中就包括费森登。他随后在爱迪生的主要竞争对手，位于新泽西州纽瓦克的西屋电气公司找到了新工作。

1891年，他再次搬家，这次是在马萨诸塞州皮茨菲尔德的一家小型电力公司。然而，该公司在第二年就倒闭了。随即，费森登被任命为印第安纳州西拉斐特普渡大学的电气工程教授。之后，他又在匹兹堡的西宾夕法尼亚州大学获得了类似的职务，1893年，他和在百慕大认识的妻子海伦以及他们的儿子（也叫雷金纳德）一起来到这里。

费森登一直在这里待到了1900年。当时他应邀加入美国气象局，在距华盛顿特区约80公里的马里兰州的波托马克河下游的科布岛进行无线电通信实验。然而，尽管费森登很喜欢这项工作，但他对使用点和划的莫尔斯电码感到失望。他希望以连续的声音，即人声来传递信息。

1900年12月23日，他做到了，第一次成功在相距1.6公里的两个无线电台之间传送了一条简短而又清晰的语音信息。当时的吉列尔莫·马可尼还仍然在使用莫尔斯电码。

费森登一直在气象局工作到1902年8月，最后因不愿交出他轰动世界的发明而辞职。11月，匹兹堡的两位富商托马斯·H.纪梵希和小海·沃克表示愿意支持他，并出钱在马萨诸塞州波士顿附近的布兰特岩建立了两个设备齐全的无线电台。

1906年12月24日的晚上9点，费森登在其中一个电台进行了历史性的广播，他朗读了《圣经》中的语句，演奏了小提琴，并用爱迪生留声机播放了一段亨德尔的音乐。

远在弗吉尼亚州诺福克的无线电报务员和北大西洋东海岸几公里外的船只都听到了这一段广播。

在取得这一杰出成就后，费森登继续着他非凡的发明生涯。直到1928年，他与妻子退休后前往百慕大，于1932年7月22日在那里去世。

一名第二次世界大战期间的无线电报务员

莱特兄弟
The Wright Brothers

威尔伯·莱特 1867年4月16日—1912年5月30日，美国
奥维尔·莱特 1871年8月19日—1948年1月30日，美国
首次用比空气重的机器进行了载人和动力飞行

1903年12月17日上午10时35分，只花了短短的12秒，一对兄弟永远地改变了世界。威尔伯·莱特和奥维尔·莱特把在当时看来不可能完成的事情变成了现实。他们首次用比空气重的机器进行了载人动力飞行。当天晚些时候，他们又进行了三次飞行，每次都超越了前一次，最后一次飞行持续了59秒。

如今航空业已经成为世界上最重要的产业之一，每天都有成千上万架飞机穿梭于全球各地，运送数百万乘客。而这一切都始于一个寒冷潮湿的冬日，在美国北卡罗来纳州海边的小渔村基蒂霍克附近，两位目光远大、自学成才的业余科学家将他们对动力飞行的信念付诸实践。

两人中的哥哥威尔伯于1867年4月16日出生在印第安纳州的米尔维尔，弟弟奥维尔于1871年8月19日出生在俄亥俄州的代顿。他们的父亲米尔顿·莱特是美国基督教联合会的主教，他是一个严格而又善良的人。他和妻子苏珊一起，在一个温暖而安稳的环境中把孩子们抚养

长大。

　　苏珊的父亲是一位熟练的马车工匠，因此她对机械极为精通，并激发了孩子们对事物工作原理的兴趣。1878年，他们的父亲送了一个玩具直升式飞行器给他们。这个玩具用软木、竹子和纸制成，有一个由橡皮筋驱动的转子。男孩们对这个玩具爱不释手，直到飞行器完全散架。飞行器坏了以后，他们毫不沮丧，马上又自己做了一个。这激发了他们对飞行的兴趣，将这种兴趣持续终身。

　　虽然莱特兄弟很聪明，但他们所接受的正规教育并没有超过高中阶段，由于经常搬家和其他的家庭变动，他们俩都没有获得所谓的文凭。

　　他们的母亲一直病重，由于父亲经常不在家，照顾苏珊的任务就落在了威尔伯身上，他一直照顾母亲直到1889年7月她去世。

　　奥维尔说服威尔伯和他一起制作代顿本地周报《西区新闻》，这份报纸是用他们自己设计和制造的印刷机印刷的。1890年4月，兄弟俩对蒸蒸日上的事业信心满满，于是将周报

1903年，莱特兄弟在北卡罗来纳州基蒂霍克附近首次成功飞行

1902 年 10 月 10 日，莱特兄弟的第三架试验滑翔机在基蒂霍克附近起飞

《西区新闻》变成了日报《晚间新闻》。然而，这份报纸只存活了五个月。由于代顿地区出现了一些更成熟的报纸出版商，行业竞争愈发激烈，莱特兄弟最终破产。

兄弟俩只好去印刷厂打零工，直到1892年12月，他们才又开了一家修理和销售自行车的店铺。莱特自行车公司非常成功，1896年他们又开始自己制造机械。

随着不断发展和成长，他们又重新燃起了儿时对飞行理论的兴趣。当他们听说德国工程师和先锋飞行家奥托·利连塔尔1896年8月10日驾驶他的滑翔机在柏林附近坠落，不幸身亡的消息后，更激起了他们对于发明安全的飞行器的渴望。

于是，兄弟俩开始阅读和研究任何他们能找到的关于航空学的资料。1899年夏天，他们自己制作了一个大盒子风筝。在研究了鸟类的飞行之后，威尔伯认为，通过扭转盒子的形状来改变翅膀上的气流，就应该可以使风筝像鸟类一样转向。不断的测试证明威尔伯所说的"机翼扭曲"是可行的。

箱式风筝之后，1900年10月，兄弟俩在基蒂霍克附近的海滩上对一系列全尺寸的滑翔机进行了详尽的测试。这些滑翔机中有的可以自行飞行，有的则需要由兄弟中的一人来担任飞行员。

莱特兄弟的雄心壮志是想制造一种可以载人的动力飞行装置。但他们联系的所有制造商似乎都没有能力生产出兄弟俩所需要的那种轻型动力设备。

随后，莱特兄弟求助于在代顿自行车店工作的机械师查理·泰勒。短短六周的时间，他们就一起用铝作为缸体材料，制造了一台发动机。

1903年12月初，在经历过各种挫折之后，新飞机终于准备好了，并被运到了兄弟俩早先的滑翔机测试场地——北卡罗来纳州的基蒂霍克。

12月14日，威尔伯首次尝试驾驶飞机升空。但起飞不到三秒钟，飞机就不再上升，颠簸着回到了地面，产生了轻微的损坏。幸运的是，威尔伯没有受伤。

三天后，他们再次做好了准备。这一切该到成功的时候了。莱特兄弟共进行了四次短途的动力飞行，一个新的航空时代诞生了。

在成功的鼓舞下，莱特兄弟接着花了几年的时间研发飞机。由于他们太过神秘，世人迟迟没有认识到他们的天才。事实上，直到1908年8月威尔伯在法国勒芒进行飞行表演时，他们才得到了公众的广泛赞誉。

随后在1909年10月4日，威尔伯在一百万名观众的注视下，沿着纽约的哈德逊河飞行，还环绕了自由女神像。

他们开始在全世界名声大噪，事业蒸蒸日上。然而，与此同时，这对兄弟（两人都没有结婚）却被一连串费用高昂的专利纠纷所困扰。这导致美国政府向航空业施压，要求成立一个组织来共享专利。

1912年5月30日，45岁的威尔伯死于伤寒。奥维尔活得久一些，一直活到76岁，于1948年1月30日因心脏病发作而去世。

位于除魔山镇的奥维尔和威尔伯·莱特纪念碑，坐落在北卡罗来纳州具有历史意义的首飞之地

古列尔莫·马可尼

Guglielmo Marconi

1874年4月25日—1937年7月20日，意大利
发展了无线电的远距离传输

1910年7月22日，一艘横渡大西洋的邮轮的船长向伦敦总部发送了一条无线电报信息，称他确信因6个月前杀死他的妻子而被通缉的谋杀嫌犯霍利·克里彭博士就在这艘船上。这个消息被送到了伦敦警察总部苏格兰场。7月31日上午，克里彭在加拿大魁北克上岸时被逮捕。

这是一个历史的转折点：这是人们第一次使用无线电报信息来抓捕罪犯。使之成为可能的人就是意大利科学家古列尔莫·马可尼。

两年后，1912年4月15日，注定要沉没的英国巨轮泰坦尼克号上的无线电报务员与包括卡帕西亚号在内的其他船只取得联系时，无线电报再次发挥了巨大的作用。尽管卡帕西亚号开足马力赶到时，泰坦尼克号已经沉没，但它仍及时从冰冷的海面上救起了一些幸存者。

如今，马可尼的非凡发明"无线"已经受到了广泛的关注，特别是它跨越海洋传输无线电信号的能力。虽然还有许多人对无线电报的发展做出了贡献，但马可尼是最成功的，他被认为是"将无线电报带入日常生活的人"。

古列尔莫·马可尼于1874年4月25日出生在意大利北部城市博洛尼亚。他的父亲朱塞佩来自一个贵族地主家庭，他的爱尔兰人母亲安妮是著名的詹姆森威士忌公司创始人约翰·詹姆森的孙女。

在意大利接受早期教育后，马可尼又

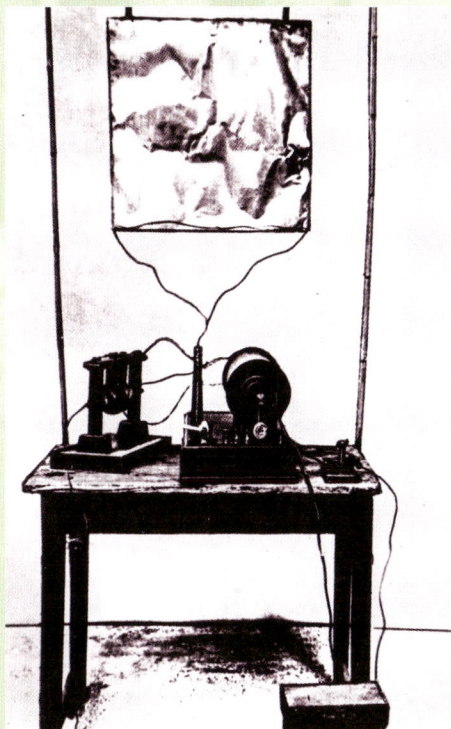

马可尼的第一台发射器

马可尼 1902 年制造的磁电波探测器

早期的无线传输站

在英国的贝德福德学校学习了两年，18岁时回到博洛尼亚附近的庞特基奥家族庄园。随后，他考入了博洛尼亚大学，该校成立于1088年，是世界上历史最悠久的持续办学的大学。

这时的马可尼已经对无线电报这门新科学产生了浓厚的兴趣。无线电报，也就是不用电线来传输信息。与此同时，他高兴地发现，无线电报的学科先驱奥古斯托·里吉正是这所大学的物理学教授，他对喜欢在家里做实验的年轻的马可尼有着深远影响。

1894年12月的一个深夜，年仅20岁的马可尼利用自己组装的简陋设备，通过从一个角落发射无线电波，成功地使电铃在房间的另一个角落响起。他欣喜若狂，经过一系列进一步的测试，到了1895年夏天，他已经将信号范围扩大到了800米。

根据著名英国物理学家奥利弗·洛奇的观点，这是无线电波能够传播的最大距离。马可尼决心证明洛奇的说法是错误的。他随后发现，通过提高天线的高度（那时的天线是用锡箔纸制成的）就可以将传播距离扩大到3.2公里。马可尼深信，随着时间的推移，应该会出现能将无线电波传送得更远的装置。他认为这具有巨大的商业和军事潜力，于是满怀热情地给意大利邮电部写信，想要申请研究经费，但没有得到答复。

他母亲的一位亲戚告诉他，在英国可能会有更好的机会，马可尼听从了这个建议。1896年2月，21岁的他来到伦敦，设法与英国邮政局总工程师威廉·普里斯见了一面。

普里斯立即意识到了马可尼成就的重要性，在确保设备可以正常运行后，他安排马可尼为英国政府成员做演示。第一次演示是在1896年7月，也就是在马可尼申请无线电报专利一个月后。在邮政局的全力支持和鼓励下，马可尼对他的系统进行了改良，传输范围此时已经能够达到19公里了。普里斯显然将马可尼视为自己的爱将，为他组织了一系列的讲座和演示。这些活动非常成功，1897年夏天，马可尼已经引起了国际社会的关注。

1899年9月，纽约一家报纸请马可尼在两艘船上安装他的无线设备，以便能把在新泽西州举行的广受欢迎且享有盛誉的美洲杯帆船赛实况进展传回报社。这次大胆的尝试非常成功，引起了全世界的轰动。马可尼名声大噪。

两年后，1901年12月，马可尼又一次震惊了世界。他从英国康沃尔的波尔德胡发出了一个短促的短脉冲电报，信号横跨大西洋，传到了加拿大纽芬兰的圣约翰。他的这一实验证明了无线电信号不受地球曲率的影响。

马可尼一直在英国生活，1905年3月16日，他与比阿特丽斯·奥布赖恩结婚，婚后育有两个女儿和一个儿子。1913年，他们一家回到意大利，在那里他们受到了罗马社会各界的称赞。这段婚姻持续到了1927年4月，后来双方都又再婚了。

10年后，1937年7月20日，马可尼因心脏病发作在罗马去世，享年63岁。意大利为他举行了国葬。

马可尼去世前获得了许多奖项和荣誉，其中包括与德国科学家卡尔·布劳恩共同获得的诺贝尔物理学奖。

约 1916 年，学生们正在为成为一名无线话务员而学习

约翰·罗杰·贝尔德

John Logie Baird

1888年8月13日—1946年6月14日，英国
发明电视

1925年10月，一位年轻人出现在伦敦《每日快报》位于舰队街的办公室，希望报社能为他的最新发明进行宣传，然而这里的新闻编辑完全没有心情见他。

"看在上帝的分上，"新闻编辑对着另一位工作人员喊道，"去接待处把那个在楼下的疯子赶走。他说他有一台可以通过无线方式看东西的机器! 小心点——他身上可能有剃刀! "

这位发明家有些困惑，但并没有气馁。他从容地离开了这栋大楼，决心再去其他地方碰碰运气，找到能接受他发明的人。1926年1月26日，他邀请《泰晤士报》的记者和其他一些人观看了他对一项新发明的演示。

就其最基本的形式而言，这是一台电视，可以被称为有史以来最重要的发明之一。《泰晤士报》适时地刊登了关于这次演示的报道，这位演示者一夜之间成了轰动一时的人物。

他的名字叫约翰·罗杰·贝尔德，尽管近十年后电视广播才正式运行，但贝尔德绝对是当时英国最有名的人物之一。

贝尔德1888年8月13日出生在苏格兰西海岸的海伦堡镇，是家里四个孩子中最小的一个。他的父亲约翰·贝尔德是一名

牧师，母亲杰西来自格拉斯哥一个富裕的造船业家族。

11岁时，贝尔德被送到一所严格的私立学校。由于经常生病，他的学业严重滞后。然而，他对解决实际问题十分感兴趣。在14岁时他就用自己制作的设备给家里通了电，令父母大吃一惊。

1906年，贝尔德转入位于格拉斯哥的格拉斯哥和苏格兰西部技术学院学习电气工程，同样因为健康状况不佳，他在那里待了8年。之后，他进入格拉斯哥大学，打算在那里攻读科学专业。但没过多久，他的学业就中断了。1915年初，他决定去参军，打算参加第一次世界大战。

令他懊恼的是，他被认定为不适合服役的人。出乎意料的是，他没有选择回到大学，而是在一家电力公司找了一份工作。但他并不快乐，他意识到自己一直都不太好的健康状况会阻碍晋升和加薪，贝尔德决定做一点"兼职"来增加收入。

由于一直饱受双脚冰凉之苦，贝尔德的第一个项目是被他称为"恒温"的防潮袜。他招募了一些妇女在格拉斯哥街头拿着纸板宣传画为他做广告。

1926年，约翰·罗杰·贝尔德正在展示电视装置

早期电视系统示意图

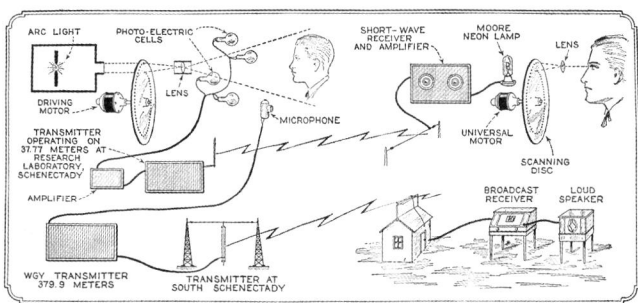

1929 年，英国广播公司的首次电视转播

事实证明，这种袜子获得了意想不到的成功，钱开始滚滚而来。随后，贝尔德又提出了一个利用电力公司的电力供应来制造钻石的计划。不幸的是，这一做法切断了整个城市的供电系统。他的雇主非常愤怒，于是贝尔德决定主动辞职，而不是等着被裁掉。1919年，在又一次久病之后，贝尔德放弃了他的袜子生意，带着所得的钱前往加勒比海的特立尼达岛，希望那里的热带气候能帮助他恢复健康。然而，9个月后，他在那里开设的果酱厂倒闭了，他又回到了英国，在英国南部海岸的黑斯廷斯租了一个小作坊。

贝尔德决心开始研究一件多年来一直令他充满兴趣的事情——"电视"，尽管他知道还有其他人也在追逐同样的梦想。到了1924年，经过大量的实验，他成功地组装出了一台极其粗糙的可以传输图像的机器。它由一个旧茶箱、一个帽盒、几根织补针和一把剪刀组成。就是用这些简陋的设备，贝尔德似乎逆天而行，成功地将一个闪烁而朦胧的影像传送到了1米之外。

第二年，他成功地传送了一个口技表演者的电视图像。正如贝尔德后来所回忆的那样："人偶的头像出现在屏幕上，清晰得几乎令人难以置信。我做到了。我几乎不敢相信自己的眼睛，激动得发抖。"

但由于缺乏进一步的研发资金，贝尔德的开心没持续多久。他认为宣传是唯一的解决办法，于是他说服了哈里·戈登·塞尔弗里奇，让他在伦敦繁华的牛津街塞尔弗里奇的著名百货公司进行了一系列的公开演示。

1925年4月1日至22日，演示活动引起了人们的极大兴趣。然而，贝尔德意识到大家可能只是把它当成了一个新鲜的玩意儿，于是1926年1月26日他邀请了一群科学家和《泰晤士报》的记者到他位于伦敦苏荷区的小公寓去看看他的成果。

大家都对他的成果印象深刻。1928年，也就是贝尔德在伦敦和格拉斯哥之间用电话线成功传送电视图像的第二年，英国广播公司对他的成果产生了浓厚的兴趣，并于次年开始播放实验性的电视节目。但在1937年，英国广播公司抛弃了贝尔德的机械系统，转而采用其他人开发的电子电视。

20世纪20年代，约翰·罗杰·贝尔德与早期的电视机

1944年12月，贝尔德退休后和他的妻子及两个孩子来到东萨塞克斯郡的滨海小镇贝克希尔。1946年6月14日，他在中风三个月后去世。

虽然某种程度上，贝尔德没能获得到应有的认可，但人们将永远记得他的卓越成就——传送世界上第一幅清晰的电视图像。

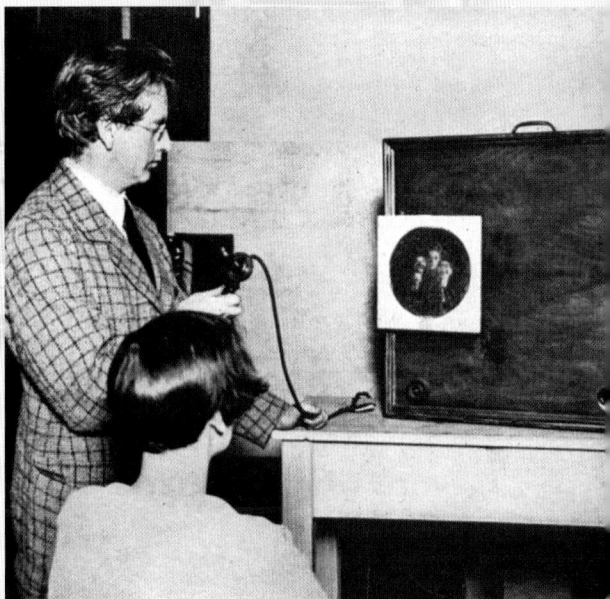

伊戈尔·西科尔斯基

Igor Sikorsky

1889年5月25日—1972年10月26日，美国
发明直升机

1917年3月，俄国革命爆发，同年11月，旧秩序彻底崩溃后，很多人，尤其是那些支持沙皇政权的人，开始担心自己的生命安全。

其中有一位叫伊戈尔·西科尔斯基的年轻航空工程师。他的父亲伊凡是一个众所周知的狂热君主主义者，这足以将他列入死亡名单。然而，伊凡在被捕前就死了。但革命党人认为伊戈尔也有与其父同样的政治立场，威胁要枪毙伊戈尔。

1918年3月，意识到危险的西科尔斯基先是逃往到了英国，短暂停留后，又逃往法国。当时法国仍处于第一次世界大战的阵痛之中，法国政府委托他设计一种新型的四引擎轰炸机。但1918年11月，新型轰炸机项目正要启动之时，战争结束了，于是这个项目被撤销了。

随后，西科尔斯基决定前往美国纽约。他即将开始新的生活，最终设计并成功地制造出了世界上第一架直升机，这是一种给航空运输带来革命性变化的非凡航空器。

伊戈尔·西科尔斯基于1889年5月25日出生在基辅市，那里当时还属于俄罗斯帝国，现在是乌克兰的首都。

他的父亲伊万是基辅圣弗拉基米尔

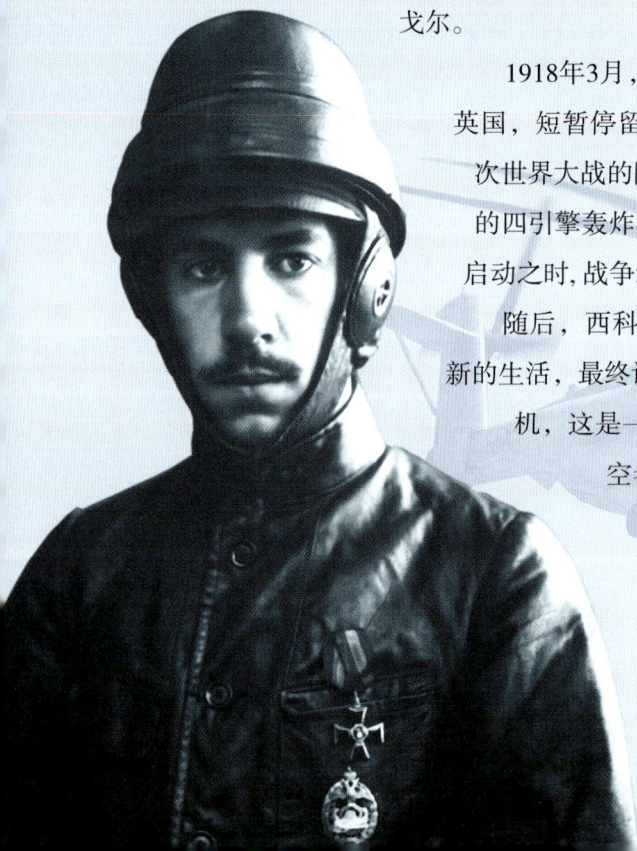

大学的校长，同时也是一名精神病学医生和一位杰出的学者。伊戈尔的母亲玛丽亚·斯特凡诺夫娜是一名受过高等教育的医生，但她并没有出去工作，而是选择在家专心照顾她的五个孩子。

西科尔斯基和一架正在研发中的新的飞行器

1900年，西科尔斯基开始就读于基辅第一中学，这是该市历史最悠久的学校。三年后，他被派往圣彼得堡（当时沙皇俄国的首都）的海军军官学校，那里以培养了许多杰出的海洋工程师和科学家而闻名于世。西科尔斯基对于能在这里追随杰出科学家的脚步感到无比的兴奋。

但是到了1906年，虽然成绩不错，但西科尔斯基早已厌倦了海军军官学校里的部队生活。由于他并没有打算真的成为一名海军军官，所以他决定去巴黎学习科学。然而，在一所技术学校里待了半年之后，他就回到了基辅的家中，进入亚历山大二世理工学院学习。

这时西科斯基已经对航空科学产生了不小的兴趣，并开始制作基本的模型飞机，其中就包括一架直升机。美国莱特兄弟在1903年12月17日完成了世界上第一次动力飞行，这给他留下了深刻的印象。西科斯基想设计一种不需要沿着跑道起飞就能直接飞上天空的机器。

1909年，西科尔斯基制造出了他的第一架直升机，这架直升机由一台25马力的摩托车发动机驱动，但它未能成功升空。第二年6月3日，他再次尝试。这一次，直升机上升了几

一架由美国陆军游骑兵部队操作的西科尔斯基 UH-60 "黑鹰"直升机

米，但在一系列不受控制的跳跃之后坠毁了。

西科尔斯基有些心灰意冷，他决定集中精力研制固定翼飞机。到1911年为止，他已经成功设计了五架飞机，包括S-6，它可以以每小时113公里的速度巡航。1912年，S-6b在莫斯科的一次军事竞赛中获得了一等奖。由于他在航空领域的成就，西科尔斯基被任命为俄国最大的工业集团之一——俄国-波罗的海货车公司在圣彼得堡新成立的飞机部门的首席设计师和工程师。

在接下来的几年里，西科尔斯基制造了许多出色的飞机，包括世界上第一架重型轰炸机S-22伊利亚·穆罗梅茨。1914年第一次世界大战爆发时，这架飞机被重新配置为四引擎轰炸机，这又是一项世界首创。

西科尔斯基继续在公司工作，直到1918年3月初，他被迫从想要复仇的俄国革命者手中逃离。在英国和法国短暂停留后，他于1919年3月14日抵达纽约。他没能在这里的任何一家主流飞机制造商处找到工作，于是他成了一名教师，靠向俄罗斯移民同胞传授知识为生。

但他真正想做的还是制造飞机，尤其是直升机。终于，1923年3月5日，在包括著名作曲家谢尔盖·拉赫玛尼诺夫在内的一些热心的支持者的资助下，他实现了自己的梦想，在长岛一个废弃的养鸡场上开办了西科尔斯基航空工程公司。

1924年1月，西科尔斯基与和他一样逃亡出来的伊丽莎白·西蒙结婚。这是西科尔斯基的第二次婚姻。他的第一次婚姻是和奥尔加·辛科维奇，当西科尔斯基在1918年逃亡时，她选择和他们的女儿塔妮娅一起留在俄国。1923年，塔妮娅与西科尔斯基的姐妹们一起移民到了美国。

这家公司于1929年搬到了康涅狄格州的斯特拉特福，在那里生产了各种飞机，包括双引擎水上飞机。同时西科尔斯基仍然着迷于直升机。但直到1939年9月14日，在经历了似乎无穷无尽的试验和失望之后，他的VS-300直升机才在西科尔斯基的控制下从地面升起，完成了第一次飞行。

令人欣喜且欣慰的是，这架直升机的性能非常完美。在VS-300成功之后，西科尔斯基再没退缩，他连续设计和生产了一系列的直升机，并将其销往世界各地，巩固了他作为航空业最伟大的先驱者之一的声誉。

西科尔斯基几乎一直工作到他去世的那一天。1972年10月26日，他在康涅狄格州伊斯顿的家中去世，享年83岁。他一生中获得无数奖项和荣誉，在去世15年后，他入选了美国国家发明家名人堂。

一架在执行任务的西科尔斯基消防直升机

凯瑟琳·伯尔·布洛杰特
Katharine Burr Blodgett

1898年1月10日—1979年10月12日，美国
非反射玻璃的开发

在凯瑟琳·伯尔·布洛杰特出生前不久，她的父亲——一位杰出的工业律师，被闯入家中的窃贼枪杀，留下她的母亲（也叫凯瑟琳）独自将她和她的哥哥抚养长大。

她的母亲把各方面都管理得很好，尤其是在对女儿的教育方面。凯瑟琳长大后成了一名举世瞩目的科学家，获得了很多荣誉和赞美。

凯瑟琳·伯尔·布洛杰特于1898年1月10日出生在美国纽约州的斯克内克塔迪。她的父亲乔治曾是通用电气公司的专利办公室主任。通用电气公司是一家迅速扩张的企业集团。在他不幸去世后，该公司悬赏5000美元缉拿凶手。嫌疑人最终被逮捕，但在接受审判之前，他在纽约塞勒姆的一间牢房里上吊自杀了。

幸运的是，父亲乔治·布洛杰特给家中留下了丰厚的财产。凯瑟琳出生时，她的母亲决定搬到纽约市。他们在那里一直待到1901年，之后横跨大西洋去了法国。

似乎没有任何记录显示他们一家在那里过着怎样的生活，我们只知道在布洛杰特大约六岁时，他们又回到了纽约。那时她已经能够用法语说话、阅读和写作了。

回到纽约后不久，布洛杰特就进入了一所由三个英国姐妹开办的

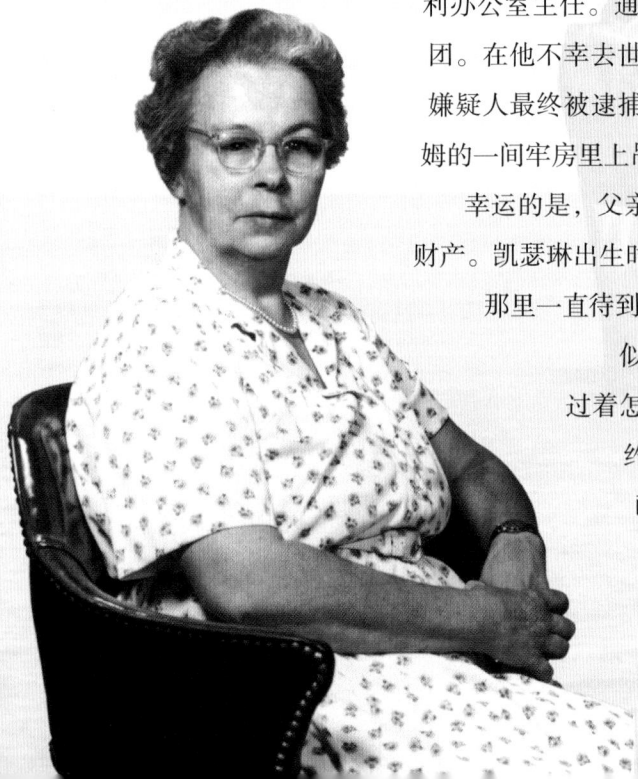

20 世纪 50 年代，凯瑟琳·伯尔·布洛杰特在通用电气公司新研究实验大楼的启用仪式上为参观者演示表面化学实验

私立学校，雷森学校。她在那里茁壮成长。1913年，15岁的她获得了宾夕法尼亚州布林莫尔女子学院的奖学金。

在那里学习的时候，布洛杰特在两位教授那里受益良多：辅导她数学的夏洛特·斯科特教授和教授物理的詹姆斯·巴恩斯教授。1917年她以全班第二名的成绩获得了物理学学位。

还是本科生的时候，布洛杰特就决心投身于科学事业。她去拜访了父亲生前任职的公司——位于斯克内克塔迪的通用电气公司，并在那里结识了一个对她后来的职业生涯产生巨大影响的人：欧文·朗缪尔，通用电气最顶尖的研究科学家之一，未来的诺贝尔奖得主。

布洛杰特认为以她的学位，加上她的家庭与通用电气公司的关系，她应该会被这家享有盛誉的公司聘用。朗缪尔被她的热情和能力所打动，但同时也告诉她，在考虑录用她之前，布洛杰特的科学教育还需要进一步的深造。

于是，布洛杰特前往芝加哥大学，她在那里仅用了一年时间，就凭借研究防毒面具的吸收材料而获得了硕士学位。由于第一次世界大战仍在进行，这个研究具有特别重要的意义。

现在，布洛杰特带着她的硕士学位再次向通用电气公司提出任职申请，这次她被直接聘为朗缪尔的私人助理。布洛杰特非常高兴，她是通用电气公司有史以来聘用的第一位女科学家。她后来说："在那个时候，女科学家几乎不可能在公司里找到这种专业性的工作。"

在接下来的六年时间里，布洛杰特和朗缪尔致力于通用电器公司的电灯泡项目。在1924年，因为得到了在剑桥大学攻读物理学博士的机会，布洛杰特前往英国。她在欧内斯特·卢瑟福爵士的卡文迪许实验室研究、学习，这是世界上最重要的科学机构之一。

1926年，布洛杰特以一篇关于电子在电离汞蒸汽中的行为方式的论文获得了博士学

一个卡文迪许实验室中的实验

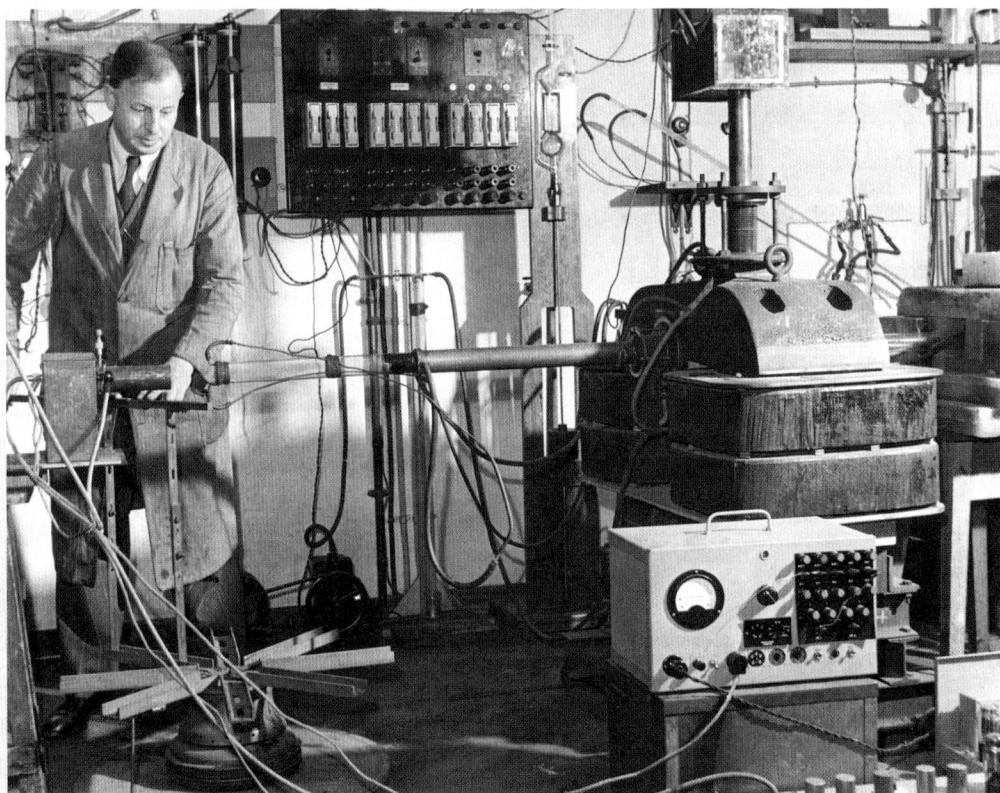

位。她成为剑桥大学历史上第一位获得物理学博士学位的女性，从而使自己更加出类拔萃。

在获得博士学位之后，布洛杰特又回到通用电气公司工作，从事表面化学研究。

到了20世纪30年代初，经过详细的研究和实验，布洛杰特和朗缪尔已经开发出一种可以将非常薄的油性分子膜应用于玻璃、金属或水上的方法。然后，布洛杰特又通过自己的努力，设计出一种测量薄膜厚度的方法，与以前的几千分之一厘米的精度相比，这种新的方法可以将精度提高到百万分之分米。

使用了布罗杰特的技术的安全摄像机

1938年，布洛杰特利用这项技术生产出了世界上第一块不反光，或者说可以"隐形"的玻璃。它的实际应用价值极高，在电影工业中使用的相机和投影仪，以及第二次世界大战期间的飞机间谍相机和潜艇的潜望镜中都有应用。

在通用电器公司工作了近40年后，布洛杰特最终于1963年退休。在漫长而杰出的职业生涯中，她一共获得了8项美国专利，其中有6项都是她完全自主创造的发明。

离开通用电气公司后，布洛杰特在斯克内克塔迪安顿下来，在那里度过了她大部分余下的时光。她非常善于交际，在当地的戏剧团体中扮演着积极的角色，并参与了各种慈善组织的志愿工作。她还喜欢园艺、天文学和收集古董。

布洛杰特于1979年10月12日去世，享年81岁。她曾获得许多奖项和荣誉，包括为表彰她作为科学家的贡献而授予她的美国大学妇女协会成就奖，以及美国化学协会为表彰她在单分子薄膜方面的工作而颁发给她的弗朗西斯·加文奖章。

2007年，在她去世28年后，布洛杰特入选美国国家发明家名人堂。

拉斯洛·比罗
Laszlo Biro

1899年9月29日—1985年10月24日，匈牙利
发明圆珠笔

1945年10月28日，《纽约时报》上刊登了一则整版广告，大力赞扬一支笔，其广告词是这样写的："原子时代的神奇钢笔，保质保量，两年不需加墨水。"

第二天早上，一大群人迫不及待地聚集在纽约曼哈顿中城的金贝尔百货公司门外。大门一开，他们就蜂拥而入。

当天，金贝尔百货公司1万支笔的库存以每支12.5美元（相当于今天的166美元）的高价全部售光。该店立即又下了一个大订单。在第一周结束时，百货公司又卖出了2万支这种"奇迹之笔"。

这是一次营销的胜利。不仅在纽约，圆珠笔在世界各地都卖得很好。据估计，在过去的70年里，有超过1000亿支的圆珠笔被售出，平均每秒就会售出57支！

如果不是因为匈牙利记者拉斯洛·比罗在修改报纸校样时遭遇的麻烦，这种被称为"Biro"的圆珠笔可能永远不会被发明出来。使

用传统的钢笔是一件很麻烦的事情：墨水经常漏出，而且要花很长时间才能干；钢笔需要不断地补充墨水；锋利的笔尖还经常断裂并划伤页面。

比罗认为，我们需要一种一上纸就能书写顺畅，墨迹也干得迅速的全新类型的笔。

拉斯洛·比罗于1899年9月29日出生在匈牙利首都布达佩斯。他的父亲马蒂亚斯·比罗是一位成功的牙医，拉斯洛和比他大两岁的哥哥乔尔吉在一个典型的犹太中产阶级家庭中长大。

然而，当乔尔吉完成大学学业，准备跟随父亲进入牙科行业的时候，拉斯洛却选择从医学院退学了，他更想成为一名记者。此时他也已经展现出了作为发明家的天赋：他正在着手开发一种自来水笔和一种新型的自动洗衣机，但最后都没有成功。

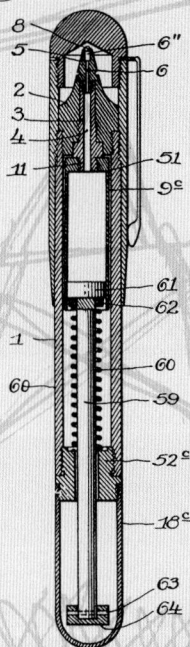

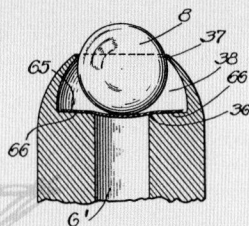

比罗的圆珠笔的在美国申请专利的示意图

接着，从来都没开过车的比罗冲动地买了一辆马力强劲的布加迪汽车。一位朋友试图教他如何开车，但他没能掌握换挡的技巧。在他看来，每次换挡都要踩下离合器踏板，简直乏味之极。

于是，他与一位名叫安德拉斯·布达斯的工程师合作，后者以一半的潜在收益作回报为条件，资助了自动变速箱的开发。他们花了一年的时间，最终拿出了一个安装在一辆边三轮摩托车上的原型。

1932年，在通过严格的测试程序后，柏林的通用汽车公司同意生产这种变速箱，并同意将销售额的0.5%作为他们的酬劳。

然而，通用汽车公司却一直拒绝透露会在何时开始生产这种变速箱，以及计划要生产的数量。他们大失所望。据悉，当时通用汽车公司正在开发自己的自动变速箱。

所以比罗又做回了记者，直到他构思出了一种新型的笔，和原来的笔有所不同，这种笔的笔尖使用了滚珠。

对比罗来说，这种圆珠笔可能是一个新点子，但之前至少有六位发明家在比罗之前提出过这个概念，考虑过类似的发明，其中最早的一位在1888年就为他的圆珠笔申请了专利。然而，他们都没能制造出好用的圆珠笔。最主要的问题是墨水：如果墨汁太稀薄，笔尖就无法顺畅的输送墨水；如果墨汁太黏稠了，又会堵住笔尖。

比罗为他的笔做的广告，这种笔在阿根廷被称为"birome"

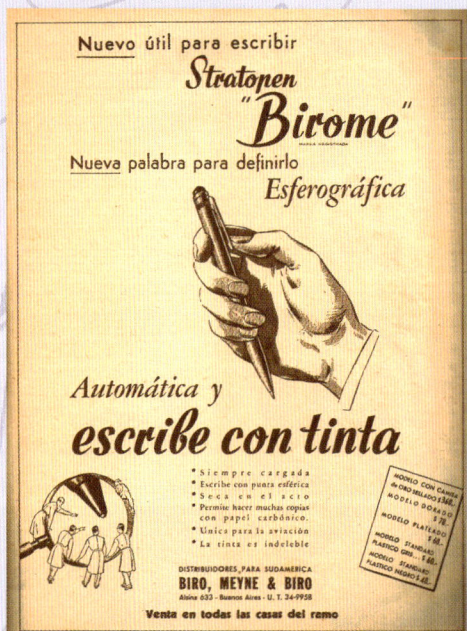

比罗决心克服这个基本设计缺陷。他去哥哥乔尔吉那里寻求帮助。乔尔吉不仅是一名牙医，还是一名资深的化学家。他们成功地生产出浓度正好的墨水，并通过在笔端的插座中插入一个小小的金属球解决了所有问题：这个金属球会对着墨水管中的墨水旋转，确保墨水均匀地涂抹在纸上。

1938年4月25日，这支笔在匈牙利获得了专利。但兄弟俩却没有料到纳粹德国总理阿道夫·希特勒的邪恶。1938年5月，急于讨好纳粹的匈牙利政府出台了一系列反犹太人的法律。

比罗知道他们现在的处境窘迫，于是在1938年年底逃往法国，在巴黎的一家工厂找到了一份工作。他的妻子艾尔扎和6岁的女儿玛利亚娜也于次年7月来到法国。

但1940年6月法国也沦陷了。德军大举进攻之后，比罗先是逃到了中立的西班牙的巴塞罗那，然后又登上了一艘前往阿根廷布宜诺斯艾利斯的船。18个月后，他和家人团聚，后来他的哥哥乔尔吉也来到这里。

兄弟俩成立了一家名为"阿根廷比罗笔公司"的新公司，以每支27英镑的价格销售名为"Eterpen"的圆珠笔。1944年，他们收到了第一个大宗订单：英国皇家空军订购了3万支Eterpen，想用它们取代传统的钢笔，因为传统的钢笔在高空往往会漏水。

比罗最终将其专利卖给了法国的马赛尔·比克，后者去掉自己名字"Bich"中的字母"h"，将新的产品命名为"bic"，并继续生产了数十亿支。至今也没有任何其他类型的笔能达到这样的销量。

拉斯洛·比罗于1985年10月24日在布宜诺斯艾利斯死于心脏病，享年86岁。他去世后，被阿根廷尊为最重要的公民之一。每年9月29日是他的生日，阿根廷都会举行公共假日庆祝。

1945年左右的早期圆珠笔

恩里科·费米
Enrico Fermi

1901年9月29日—1954年11月28日，美国
建造了第一个核反应堆

1945年8月6日星期一，早上八点刚过几分钟，日本广岛市中心就响起了刺耳的防空警报声。由于这个时间经常会有美国的气象飞机飞过，所以也没什么人关注这次警报。

但是，街道上熙熙攘攘的人们并不知道，这次头顶上的是一架不同的飞机：那是一架名为"埃诺拉·盖伊"的美国B-29轰炸机。而就在上午8点16分，这架轰炸机收到了"投放一枚炸弹"的命令。不过这枚炸弹的威力之大，大到难以想象，当它在离地面580米的地方爆炸时，广岛被炸毁。

三天后，一枚类似的炸弹摧毁了另一座日本城市，广岛以南300公里的长崎。没有什么东西能抵挡这种致命的武器，日本天皇裕仁号召他的同胞向盟军投降。历史上最具灾难性的冲突——第二次世界大战终于结束了。

在愤怒的情绪中，原子弹摧毁了日本城市，标志着核时代的到来。世界将永远不会再和以前一样了。

制造这些炸弹的"曼哈顿计划"耗费了漫长的时间，数千人参与其中，其总部设在美国。杰出的意大利裔物理学家恩里科·费米也参与其中，当时他已是美国公民。作为诺贝

尔奖获得者，他被称为"原子弹之父"之一，但他并不喜欢这一称呼。

恩里科·费米于1901年9月29日出生在意大利首都罗马，是家中三个孩子里最小的一个。他的父亲阿尔贝托是一名政府铁路检查员，母亲伊达是一名教师。

1918年11月14日，17岁的费米参加了意大利北部比萨大学的选拔考试，竞争非常激烈。费米关于声音特性的论文给考官之一的朱塞佩·皮塔雷利教授留下了深刻的印象，他预言费米将会成为著名的科学家，同时费米也毫无疑问地被大学录取了。

1945年在日本广岛投下的原子弹所产生的蘑菇云

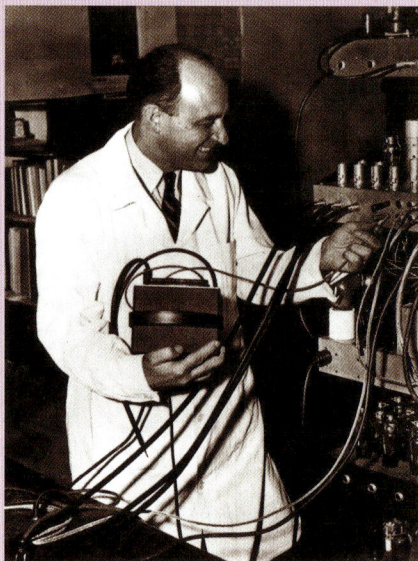

恩里科·费米正在研究位于
芝加哥大学的第一个原子堆

费米在比萨度过了四年时光，于1922年夏天获得了物理学博士学位。随后，他回到罗马，同年10月，他又获得政府奖学金，去德国哥廷根大学，跟随著名物理学家和数学家马克斯·玻恩教授学习。1924年，费米回到意大利，在佛罗伦萨大学任教近两年。

1926年底，年仅24岁的费米被任命为罗马大学新设立的理论物理学教授，并在那里度过了12年。他在这里认识了劳拉·卡彭，1928年7月19日他们步入婚姻，后来有了两个孩子。

1934年，费米开始积极地研究如何产生核裂变，这在当时很多科学家看来是不可能的事情。然而，他坚持了下来，并在1938年，37岁的时候获得了诺贝尔物理学奖。

同年12月，费米在家人的陪同下，前往瑞典斯德哥尔摩参加领奖仪式。之后，他们没有返回罗马，而是前往纽约。费米于1939年1月2日到达纽约，在那里申请了美国的永久居留权。

他做出这个重大决定，是因为他不想再生活在法西斯独裁者贝尼托·墨索里尼统治下的意大利。墨索里尼当时正效仿德国法西斯阿道夫·希特勒，压迫犹太人。费米本人不是犹太人，但他的妻子是犹太人，他担心他们留在意大利会有危险。

此前，费米曾写信给一些美国大学寻求职位，并收到了五份聘书。他最后决定选择位于纽约的哥伦比亚大学，他曾于1936年夏天在那里做过一系列讲座。

此时，费米得到消息，一些德国科学家在核裂变研究方面已经取得了很好的进展。这促使费米加快了自己的研究步伐。1939年1月25日，他主持了美国的第一次核裂变实验。

3月19日，费米意识到核能的强大威力可能会被敌方所利用。他警告一些高级军事领导人要注意这方面的威胁。随后，在8月2日，著名科学家阿尔伯特·爱因斯坦写信给美国总统富兰克林·罗斯福，告诉他现在积极备战的德国很可能正在推进原子弹计划。在其他一些科学家的支持下，爱因斯坦建议美国也应该这样做。

研制原子弹的科学家们，费米在第一排左起第四位

罗斯福同意了，但直到1942年5月12日，他才签署命令，授权实施绝密的曼哈顿计划。当时第二次世界大战正在进行当中，时间就是生命。

与此同时，费米继续着自己的实验。1942年12月2日，在芝加哥大学，他首次实现了可控的核能释放，这一进展让曼哈顿计划的领导人兴奋不已。但直到1944年9月，费米才被邀请加入墨西哥州洛斯阿拉莫斯团队，成为该项目的全职人员——而且是绝对关键的成员。

到1945年夏天，战争终于结束了，费米在洛斯阿拉莫斯一直待到了12月31日，之后他回到芝加哥大学担任物理学教授，不时受邀出国讲学。直到1954年11月28日，他因癌症去世，享年54岁。

与其他从事同类工作的人一样，费米的死亡被认为是持续暴露在辐射中造成的。

弗兰克·惠特尔
Frank Whittle

**1907年6月1日—1996年8月9日，美国
发明涡轮喷气发动机**

1923年1月，一个雄心勃勃的16岁新兵来到了英国皇家
空军站，但没有人认为他能坚持下去。他已经通过了入学考
试，但身高只有1.5米多，纤弱瘦小，很难让人对他有信心。
两天后，由于体检不合格，他被淘汰了。

6个月后，他再次尝试，但再次失
败。他似乎已经注定与皇家空军无缘。不
过他不甘心就这样放弃，于是又重新换了
一个名字向英国皇家空军提出申请。

这次他成功了，他被安排到林肯郡的
克兰威尔皇家空军报到，这是他杰出职业
生涯的开始。他最终获得了爵位和功绩勋
章——英国最高荣誉之一，由君主亲自授
予，在世的获奖者不超过24人。

这是他应得的。他的名字叫弗兰
克·惠特尔，喷气式发动机的发明者，他
完全改变了航空业。

1907年6月1日，惠特尔出生于英国工业中心西米德兰兹
的考文垂市。9年后，他们全家搬到了沃里克郡的皇家利明顿
斯帕镇。他父亲摩西在那里买下了一家小型工程公司。弗兰
克最喜欢的就是在车间里东搞西搞，尤其着迷于单缸燃气发
动机。

惠特尔和同事一起对喷气式发动机进行测试

他在初中时就是个聪明的学生，后来进入了利明顿男子学院。在那里他的学习成绩很好，然而不幸的是，那时他父亲的生意开始不景气，15岁的弗兰克不得不离开学校。

惠特尔在工程学方面有着极高的天赋，这要感谢当年在父亲的车间里所积累的经验。他对涡轮机和飞行理论特别感兴趣，于是决定申请英国皇家空军学员，最终被英国皇家空军克伦威尔学院录取。

虽然惠特尔对那里的纪律感到恼火，甚至一度差点因此选择放弃，但他在各方面都表现得很好，他的上级军官没有忽视他突出的能力。1926年，令他高兴的是，他被推荐去参加军官培训，成了一名飞行员。

两年后，惠特尔以第二名的成绩通过了考试，得到了"高于平均水平"的评价，并获得了航空科学特别奖。他以一篇题为《飞机设计的未来发展》的学术论文证明了他在这一领域中的出类拔萃。

1928年8月底，惠特尔被派往埃塞克斯郡霍恩丘奇的一个战斗机作战中队。在这里他的低空飞行和出格的"空中杂技表演"引来了公众的不满，他也差点因此被送上军事法庭。

J3-IHI-3 喷气式发动机

第二年，他去了位于剑桥郡的皇家空军维特林中央飞行学校接受飞行教官培训。

在那里，惠特尔将他的大部分业余时间都用在了开发他的燃气涡轮发动机上。这种发动机用过热喷发的尾气而不是旋转螺旋桨为飞机提供动力。在工程方面，这是革命性的。但令人惊讶的是，这没有在官方圈子里引起大家的兴趣，因此惠特尔被准许有权以自己的名义申请专利。

与此同时，随着他在英国皇家空军职业生涯的发展，惠特尔成为一名水上飞机试飞员。1932年夏天，他被选拔到贝德福德郡的亨洛皇家空军基地学习工程课程，当时他已经结婚了。他的表现非常出色，在各门科目中都取得了优异的成绩，学业完成后，他又被送到剑桥大学继续深造。

1936年，他已经晋升为飞行中尉，并在机械专业获得一级荣誉学位毕业。

英国皇家空军现在十分重视他关于燃气涡轮发动机的研究。同年3月，在英国皇家空军的完全批准下，惠特尔与两个商业伙伴一起成立了一家名为"动力喷气机"的公司。尽管当时惠特尔仍是一名现役军官，但英国皇家空军允许他担任公司的名誉总工程师和技术顾问，只要他的工作不与其公务相冲突。

由于"动力喷气机"公司只是一个研发机构，没有任何生产设施，因此他们又与一家名为"英国汤普森-休斯敦"的专业蒸汽轮机公司建立了合作关系，该公司总部位于莱斯特郡的鲁格比。

1937年4月，飞机的试验台架开始运行，他们取得了不同程度的成功。1941年，随着第二次世界大战的爆发，英国空军方面希望拿到切实的成果。于是，5月15日，在克兰威尔皇家空军基地，一架被命名为E.28/39的实验性"格罗斯特"飞机成为第一架安装涡轮喷气发动机的英国飞机，它的速度可以达到545公里/小时。

几天后，这架飞机在7600米的高度上，达到了超过600公里/小时的速度，比世界上任何其他战斗机都要快。惠特尔和他的同事们欣喜若狂，空军部也对此印象深刻，随即就为"格罗斯特流星"喷射战斗机订购了3000台由罗尔斯-罗伊斯公司制造的新型发动机。

直到1944年这批飞机才交付完成。当惠特尔得知"格罗斯特流星"飞机击落了许多V-1飞航式导弹时（德国从1944年6月开始对英格兰南部发射V-1导弹），他获得了前所未有的满足。

1946年，英国政府完全接管了"动力喷气机"公司，惠特尔多少有些被边缘化了。他又坚持了两年，然后以空军准将的军衔从英国皇家空军退休了，随后开始在私营企业工作。1976年，惠特尔移民到美国，成了一名学者。

1996年8月9日，他在马里兰州哥伦比亚的家中去世，享年89岁。尽管其他各国也开发出了各种类型的喷气式发动机，但惠特尔留给我们的发明最值得纪念。

位于英国范堡罗机场的弗兰克·惠特尔纪念碑

约瑟夫·科萨斯基
Jozef Kosacki

1909年4月21日—1990年4月26日，波兰
发明了一种便携式地雷探测器

　　一直到1942年秋天，第二次世界大战的第三年，盟军还没在与德国人的战争中赢得什么决定性的胜利。但是，就在1942年10月23日至11月4日，埃及沙漠上进行的第二次阿拉曼战役改变了这一切。

　　在伯纳德·蒙哥马利中将的指挥下，英军第八集团军决定性地打败了由埃尔温·隆美尔陆军元帅率领的轴心国部队。在此之前，这只被称为"沙漠之狐"的部队被认为是不可战胜的。

　　不过，盟军虽然取得了胜利，但还是损失了数千人，或是阵亡，或是失踪。如果不是一位年轻的波兰军官，伤亡率无疑还会更高。

　　他就是约瑟夫·科萨斯基中尉，他对盟军胜利的贡献不可估量。科萨斯基发明了一种侦测地雷爆炸物的巧妙装置，这个装置在阿拉曼第一次得到了有效应用。

　　人们对科萨基的早年生活知之甚少，只知道科萨斯基于1909年4月21日出生在波兰，1928年进入华沙大学，5年后获得电子工程学位。大学毕业后，他接受了强制的基本军事训练，然后加入了一个为武装部队设计电子设备的绝密特种信号部队。

1939年9月1日，德国士兵入侵波兰，标志着漫长而残酷的占领开始了。科萨斯基继续他的秘密工作，但如今他自己也面临着巨大的危险。

在英勇但最终注定失败的波兰首都华沙保卫战中，科萨斯基负责修复严重受损的主电台，使公共广播能正常运作，激励战斗中的人们，但是9月28日，这座城市还是被侵略者占领了。

一枚暴露在地表的地雷

科萨斯基设法躲过了纳粹的追捕，逃往匈牙利，当时匈牙利还是中立国。短暂的停留后，他又逃往了巴黎，在那里与波兰武装部队的其他成员汇合。

1940年6月，法国沦陷，科萨斯基去往英国。此时他仍然是一名波兰军队的中尉，他在那里对士兵进行无线电报训练。

英国当局对在海外服役的部队中被地雷炸伤或致死的士兵数量感到非常震惊。于是他们举办了一场寻找可靠的地雷探测器的竞赛。科萨斯基参加了这项比赛，他每天晚上都与波兰军队的同事安杰伊·加布罗斯中士一起，研究新型地雷探测器的方案。

1944年7月，第二次世界大战期间，美国的探雷人员在法国

他特别想能够为此做些什么，因为在1941年早些时候，当他在苏格兰驻扎时，曾看到一支海滩上的波兰军事巡逻队因一名士兵不小心踩到地雷，整个被炸成碎片。

1997 年，戴安娜王妃穿着防弹衣视察安哥拉地区的一个雷区

地雷有两种类型：第一种是防步兵地雷；第二种是防车辆地雷，用于对付坦克、机动火炮或装甲运兵车，这种地雷通常威力更大。

在开始工作的三个月后，科萨斯基就发明出了一种足以向陆军部呈报的电子地雷探测器。军方在约克郡里彭的一个英军工兵训练中心对这个设备进行了测试，测试对象是散落在一片高草中的硬币。科萨基的设备在很短的时间内就找到了这些硬币，完全超越了英国竞争对手的六个体积庞大、难以操作的设备。

在如此令人印象深刻的展示之后，科萨斯基被宣布为竞赛的获胜者，他的波兰地雷探测器 Mark I 投入生产。这个探测器重约14公斤，当接近金属物体（如地雷）时，它会干扰电子电路，并向操作者佩戴的耳机发出声音信号。

科萨斯基的探雷器是一项技术和军事突破。在整个第二次世界大战期间，这一设备被生产了几十万件，英国军队一直到1995年都还在使用它。

英国军方在1942年就拥有了这样一个无价之宝，他们迫切地想要充分利用这个装置，北非的杀戮场就是最合适它出场的地方。在1942年7月1日至27日之间，英国和德国部队在埃及开始了"阿拉曼第一战役"。作战双方最终都选择了撤退。

德国人不想在第二次阿拉曼战役中失利，于是在其64公里的战线上布设了一系列雷区。这些被德军称为"魔鬼花园"的雷区有些地方宽达8公里，对盟军构成了致命的威胁。据说这里总共有大约50万枚地雷，其中许多还是早些时候从英国人那里缴获的。

雷区是没有办法绕过的，如果盟军部队和装甲部队要前进，就必须穿过雷区。多亏了科萨斯基，英国人有500个地雷探测器。15名非常勇敢的陆军士兵在主力部队前方重火力的支援下缓慢移动，清理出了一条用白色胶带和灯笼做标记的"安全通道"。

不幸的是，仍有许多人被地雷夺去了生命，但科萨斯基发明的装置挽救了很多人的生命，否则会有更多的人会被炸死。

战争结束两年后，1947年，科萨斯基回到波兰。他在那里的一些机构中担任军事和科学方面的职务。他于1990年去世，葬礼以最隆重的军礼举行。

科萨斯基从未从他的发明中获得个人利益，相反，他把发明的所有权利交给了英国军队，乔治六世国王曾为他这一举动写过亲笔感谢信。

在2015年的一次国际训练演习中，士兵们正在使用探雷器搜索简易爆炸装置

韦恩赫尔·冯·布劳恩
Wernher von Braun

1912年3月23日—1977年6月16日，美国
研制火箭

1969年7月16日早晨，一枚巨大的土星五号火箭载着三名宇航员从美国佛罗里达州的肯尼迪航天中心轰然升空。4天后，阿波罗二号任务的指挥官尼尔·阿姆斯特朗成为第一个在月球表面行走的人。

这次登陆吸引了全世界5亿多全神贯注的电视观众，绝对称得上是一项了不起的成就，尤其当7月24日机组人员安全降落在太平洋上时，这一成就更为突出。

在美国庆祝他们赢得登月竞赛的同时，那个使登月成为可能的人也进入了人们的视野。他的名字叫韦恩赫尔·冯·布劳恩，是美国太空计划的负责人，被称为"历史上最伟大的火箭工程师"。他经历丰富，在第二次世界大战时还曾为纳粹工作。

冯·布劳恩于1912年3月23日出生在波森省维尔茨镇的一个富裕贵族家庭，那里当时是德意志帝国的领土，现属波兰，被称为维日斯克。冯·布劳恩在家中三个儿子中排行老二，在他的母亲送给他一台望远镜来研究恒星和行星后，冯·布劳恩对天文学产生了浓厚的兴趣，并很快沉迷其中。

几年后，冯·布劳恩一家搬到了柏林。13岁时，冯·布劳恩被送进了一所寄宿学校，他在那里并没有显得特别出类拔萃，尤其是在物理和数学上表现平平。然而，在进入柏林夏洛滕堡理工学院学习机械工程后，冯·布劳恩一下就赶了上来，成了班上的佼佼者。

1945年德国库克斯港的一枚 V-2 火箭

此时，他已经很着迷于"太空旅行"这个概念，并成了著名的德国太空旅行协会的热心成员，积极参与对于液体燃料火箭发动机的测试。

冯·布劳恩在火箭技术方面的天赋很快就引起了德国军队负责绝密火箭研究计划的军官的注意。1932年10月，他被说服并加入了他们。在军队的资助下，冯·布劳恩进入柏林大学学习，并于两年后获得物理学博士学位。

冯·布劳恩上大学的时候，德国已经被纳粹党牢牢控制，由独裁者阿道夫·希特勒领导。冯·布劳恩并不知道，他的人生即将发生巨大的变化。

希特勒着眼于未来，只允许军队进行关于火箭技术的研究，并为此

韦恩赫尔·冯·布劳恩站在土星五号动态测试车的五台 F-1 发动机旁

在德国北部波罗的海沿岸一个叫作佩讷明德的地方建立了一个大型研发机构。1937年这里竣工后，冯·布劳恩被任命为技术总监。

第二次世界大战于1939年9月3日爆发，此时佩讷明德已经完全成为一个弹道武器的设计和试验基地。这里最终研制出了可怕的V-2火箭。这是一种14米长的火箭，可以携带1吨重的爆炸弹头。V-2目的在于直接对伦敦进行打击，一经发射，就能以580公里/小时的速度被推到3万米的高度，势不可挡。

1943年秋，在英国人对佩讷明德进行了一系列毁灭性的轰炸之后，V-2的生产被南移了数百公里，转移到了哈尔茨山区诺德豪森镇附近的一个巨大的地下工程中。在这里，数以千计的奴隶劳工被迫在最可怕的条件下工作。冯·布劳恩的同事康拉德·丹纳伯格后来声称，冯·布劳恩一定知道这一点，但任何提出异议的人都有可能被立即处决。1945年初，冯·布劳恩清楚地看到德国已经面临失败。于是，他开始为未来做打算。他意识到即将胜利的盟军会非常需要他，但他不想落入苏联人手中，因为他认为苏联人可能会在利用他独特技能的同时苛待他。因此，5月3日，也就是德国最终投降的4天前，冯·布劳恩和一群科学家同伴一起，在奥地利边境附近的奥伯约赫小镇附近向美军巡逻队投降。

这对美国人来说是一次重大的转折。几个月内，冯·布劳恩和他的同事们就在新墨西哥州的美军研发基地白沙基地站稳了脚跟。冯·布劳恩的职业生涯进入了新阶段。

当时，美国制造导弹和火箭的技术都很落后。但是，正如冯·布劳恩指出的那样："如果说我们是优秀的，那是因为我们多了15年犯错和学习的经验！"

1950年，冯·布劳恩和他的团队搬到了亚拉巴马州的亨茨维尔。在他的领导下，他们设计、制造并测试了包括"红石"和"潘兴"在内的多枚弹道导弹。1955年4月，冯·布劳恩成为美国公民，人们渐渐淡忘了他与纳粹的关系。

三年后，美国总统德怀特·D.艾森豪威尔成立了美国国家航空航天局。1960年7月，冯·布劳恩被任命为马歇尔太空飞行中心的主任，负责监督土星火箭计划，并于1969年7月实现了首次载人登月。

土星五号火箭

1970年3月，冯·布劳恩被任命为美国国家航空航天局负责规划的副局长，随后他和妻子及三个孩子搬到了华盛顿特区。两年后，由于预算限制和对太空计划未来的政治争论，他于7月1日辞职，并在一家位于马里兰州格尔曼镇的美国著名航空制造企业——费尔柴尔德公司担任高级职务。

直到1976年12月，冯·布劳恩因健康状况不佳被迫辞职。他于1977年6月16日去世，被授予荣誉称号，并被誉为"火箭科学之父"。

罗斯蒂斯拉夫·叶夫根尼耶维奇·阿列克谢耶夫

Rostilav Evgenievich Alexeyev

1916年12月18日—1980年2月9日，苏联
设计地面效应飞行器"里海怪物"

在1967年的夏天，驻扎在华盛顿特区的美国情报分析人员遇到了一个难题。他们已经花了几个星期的时间来研究一系列由一颗间谍卫星传回地球的颗粒状的黑白照片。

但他们不知道自己看到的是什么，这使国防界极为紧张。

当时，东西方之间的冷战正处于高潮。全副武装的军队在欧洲边界对峙，军舰在海上巡逻，飞机在天空中来回穿梭。

双方的每个人都处于持续警戒的状态，观察并等待着任何异常的活动。

这就是为什么分析人员会对这些不寻常的发现如此重视，这些东西是美国卫星在对里海——苏联南部国家和伊朗北部之间的巨大内陆湖泊——进行例行扫描时发现的。它看起来好像是巨大的飞行器，但与分析人员所见过的任何东西都相去甚远。

这架神秘的机器看起来长约91米，有着短小粗壮的机翼。这到底是什么呢？是一种新型的飞机，还是船？其实它既不是飞机，也不是船，而是这两者巧妙而独特的结合。

虽然当时没有人知道，但美国的卫星已经拍摄到了这架苏联的绝密飞行器的第一张图像。这是一种全新的军事运输工具，是世界上最快、最重、最大的飞艇。

这台令人生畏的机器最终被西方称为"里海怪物"。它是如此的神秘，甚至大部分除军界和政界外的苏联人，也都是好几年后才知道它的存在。

反正到那个时候，它早已经被淘汰了！

革命性的"里海怪物"的幕后推手是罗斯蒂斯拉夫·叶夫根尼耶维奇·阿列克谢耶夫，他是一位天才的、有远见的苏联设计师和工程师。他是一位农学家的儿子，1916年12月18日出生在俄国西部布良斯克州的新济布科夫镇。

1932年，他们一家搬到了高尔基市——也就是现在的下诺夫哥罗德。三年后，年轻的阿列克谢耶夫开始在当时的高尔基工业学院造船系学习。

虽然他学习勤奋，但他将大部分业余时间都花在了设计和建造赛艇上，并为每艘他设计的赛艇都装上了独特而又略显恐怖的黑帆。阿列克谢耶夫是一个非常有竞争力的人，

一架阿列克谢耶夫的A-90"Orlyonok"或"Eaglet"型水翼飞机

他赢得了很多比赛，以至于每当他的黑帆出现在比赛阵容中时，组织者都会坚持让他退后一些，以便让他的竞争对手们能有一个良好的开端。

这通常也没能让他的对手们占到什么便宜，因为更多的时候，阿列克谢耶夫仍然会很快超过其他船只，第一个冲过终点线。

此时，阿列克谢耶夫已经开始对水翼船产生浓厚的兴趣。1941年，经过大量的研究，他发表了一篇题为《带水翼的平底船》的科学论文。简而言之，他想设计和建造一种全新的船型。

然而，当他奉命到高尔基的红色索尔莫沃工厂报到，并监督生产高效的T–34坦克时，他不得不搁置自己的雄心壮志。1941年6月22日，300万德军已经入侵苏联，并在各条战线上逼退苏联守军，因此苏联对于这些坦克的需要十分迫切。

在1942年至1943年具有决定性的斯大林格勒战役中，德国人遭遇惨败，阿列克谢耶夫被允许开展他的水翼船项目，但每天在这个项目上花费的时间不得超过一小时。尽管有这样的限制，他还是在不到一年的时间里就设计出了他的第一架水翼船原型。

然而，直到1945年5月，随着第二次世界大战欧洲战场战争的结束，阿列克谢耶夫才被允许按自己的节奏工作。到了20世纪50年代初，他已经设计出了许多不同的原型机，不久，苏联就在水翼船生产方面处于领先地位。

1962年，在苏联海军的要求下，阿列克谢耶夫开始将注意力集中在另一种完全不同的飞行器上。这种飞行器可以飞行，但飞行高度只能保持在水面或极平坦的陆地上不超过6米，速度高达483公里/小时，利用“地面效应”提供支撑力飞行，或换句话说，它漂浮在一层高压的空气垫上飞行。

又过了四年，新机器 “里海怪物”已经做好准备，可以进行测试了。它被命名为korabl-maket，也就是"模拟船"，缩写为KM。

KM于1966年10月18日首次飞越里海。这是一个了不起的飞行器，它长100.5米，翼展40米，满载时重达540吨——无疑是世界上最大的飞行器。

它被专门设计为军用运输和救援飞行器（虽然从未投入使用）。它的动力来自于不少于十台涡轮喷气发动机，机头两侧各有四台，机身尾部下方两侧各有一台。

苏联继续对"里海怪物"进行测试，直到1980年12月，由于飞行员的失误而坠毁。尽管没有任何人员伤亡，但这架飞机再也没能恢复原样。

那时，这位当初创造出了"里海怪物"的了不起的人物已经不在了。阿列克谢耶夫于冷战期间，就在他发明了这个最特殊的秘密武器坠毁的那一年的2月9日去世。

越南芽庄海洋研究所保存的一架较小的 Thang Long 1000 地面效应飞行器

斯蒂芬妮·克沃勒克
Stephanie Kwolek

1923年7月31日—2014年6月18日，美国
发明凯芙拉纤维

2016年6月12日，一名枪手在佛罗里达州奥兰多的一家夜总会大开杀戒，在被击毙之前，这名枪手已经杀死了49人。混乱之中，一名警察被流弹击中了头部，不过他只受了点瘀伤。

这要得益于他的头盔内衬中有一种叫凯芙拉纤维的异常坚固的材料，这种材料吸收了子弹的力量，救了他一命。

和无数在执行任务时遭遇枪击的警察和士兵一样，他能保住性命要归功于一位有远见的科学家——斯蒂芬妮·科沃勒克，以及她研发的一种比钢铁强度还要至少高五倍的材料。

虽然大家提起凯芙拉纤维首先想到的都是挽救生命的轻质防弹衣，但它同时还是200多种物件的重要组成部分，其中包括采矿设备、军用车辆、飞机、游艇、太空舱、吊桥、光纤电缆，甚至烤箱手套。事实上，几乎任何东西都能从其超强的性能中获益。

凯夫拉纤维甚至会被用来做房间内衬，这样不光可以为房间提供防弹保护，还能在飓风灾难中保护居住者的安全。

这种非凡材料的发明者是斯蒂芬妮·克沃勒克。克沃勒

克于1923年7月31日出生在美国匹兹堡市郊的新肯辛顿，父母都是波兰移民。她的父亲约翰是一名铸造工人，在她10岁时就去世了。但那时他已经使女儿培养出了对科学和博物学持久的兴趣。克沃勒克的母亲内莉是一位时尚的女裁缝，斯蒂芬妮从她那里继承了对布料和设计的热爱。

正因为如此，克沃勒克从小就想成为一名时装设计师。但她敏锐的母亲反对她这样做，并警告她，由于她是个完美主义者，如果选择做时装设计师，她很可能会饿死。于是克沃勒克又回到了她对科学的兴趣上，决定当一名医生。

她进入了匹兹堡的一所全女子院校——玛格丽特·莫里森·卡内基学院，学习化学。1946年她从该校毕业。她当时想学医，但由于没有足够的资金负担医学院的学费，她认为不妨在化学领域找一份临时工作，同时努力储蓄，为学医做准备。

克沃勒克的第一份工作选择了工业界的巨头杜邦公司。因发明了能使玻璃纸防水的工艺而闻名的著名科学家威廉·黑尔·丘奇对她进行了面试，他当时是杜邦公司的研究主管。虽然丘奇确实很欣赏克沃勒克，但他表示要两周后才能告诉她面试结果。

然而，克沃勒克不想等这么久。她告诉丘奇，已经有其他地方同意给她职位了，因此她需要他们立刻做决定。令人惊讶的是，丘奇直接叫来了秘书，当着克沃勒克的面，口述了一封信，当场为她提供了工作。

一件防弹凯芙拉背心

有一种观点认为，丘奇之所以接受她，只是因为申请工作职位的男性并不多——在1945年夏天，第二次世界大战结束后，仍有许多男性在海外服役。然而，更有可能的是，丘奇被克沃勒克的热情和雄心壮志打动了。

随后，克沃勒克被派往杜邦公司位于纽约州北部布法罗市的工厂。她在这里的人造丝部门担任实验室化学家。她觉得这项工作非常有趣，甚至忘记了自己最初要当医生的志向。在接下来的40年——她的整个工作生涯，她一直为杜邦公司工作。

1950年，克沃勒克搬到了特拉华州的威明顿。杜邦公司在那里的科学家们正在开发一种新的轻质纤维材料，他们希望这种材料可以代替钢材用于子午线轮胎。

一只可以防止手被玻璃划伤的凯芙拉手套

克沃莱克被迷住了，她以极大的热情投入到工作中。有一次，她想出了一种能在室温下，在烧杯中生产尼龙的方法。这个被称为"尼龙绳技巧"的方法为她赢得了美国化学协会的奖项，但更重要的是，这为她最著名的发明埋下了伏笔。

1964年，克沃莱克试图将固体聚合物转化为液体形态。但是，出现的不是她预期的黏稠而又透明的液体，而是浑浊而稀薄的物质。尽管她的同事们都认为这种东西应该无法制出纤维，但出于某种原因，克沃莱克坚信她是会有收获的。因此，在经过一番劝说后，她被允许用一台可以去除液体溶剂并留下其中的纤维的设备来处理这些液体。

结果让所有怀疑她的人大吃一惊。这些液体中的纤维并没有像人们所担心的那样堵塞纺纱机，经过测试，大家发现这种纤维非常坚固。

杜邦公司很快就意识到了克沃莱克的这项发现有着巨大的潜力，并在10年内花费5亿美元将其转化为可销售的产品。尽管杜邦公司多年间从"凯芙拉纤维"中赚取了数十亿美元，但克沃莱克将所有权利转让给了雇主，所以除了工资外，她什么也没赚到。不过，她获得了许多有分量的学术和科学奖项，并入选美国国家发明家名人堂。

斯蒂芬妮·克沃勒克拿着一个化学分子的模型

克沃莱克一生未婚。她最终于1986年从杜邦公司退休，2014年6月18日去世。在生命的最后几年里，她一直在为学生讲授化学课，并试图引起年轻人，特别是女孩子们对科学的兴趣。

使用凯芙拉纤维的重型轮胎

雷蒙德·达马迪安
Raymond Damadian

生于1936年3月16日，美国
发明磁共振成像扫描仪

1946年，当雷蒙德·达马迪安只有10岁的时候，他亲爱的祖母珍妮·维多利亚被诊断患有乳腺癌。当护士向他解释说，祖母再也无法康复时，他感到非常震惊。看到祖母在接下来的几个月里饱受折磨，直到最终去世，他决定把寻找癌症的治疗方法作为自己一生的工作。

虽然达马迪安未能实现治疗癌症的梦想，但他最终发明了一台使用强大电磁体的机器，能够在早期检测到肿瘤和其他许多东西。这种技术被称为磁共振成像，简称MRI，这是20世纪最伟大的医学突破之一。

但当时也有人在其他地方进行了类似的研究，因此直到今天，对于是谁在发明这台非凡机器中的功劳最大，仍然存在很大的争议。但毫无疑问的是，1969年，达马迪安在向纽约市人类研究委员会提交的一份提案中，首次向科学界提出了磁共振扫描仪的概念。随后，一篇发表于1971年3月19日《科学》杂志上的详细文章肯定了他的成果。

随后，在1972年3月17日，达马迪安为"检测组织中癌症的设备和方法"申请了专利，该专利最终于1974年2月5日获得批准。这是达马迪安在随后几年中获得的160项类似专利中的第一项。

雷蒙德·达马迪安1936年3月16日出生在纽约曼哈顿。

他的父亲瓦汉是亚美尼亚人，1927年为躲避土耳其人的迫害来到纽约。1932年，他与雷蒙德的母亲奥黛特·海格结婚，她是亚美尼亚人和法国人的后裔。雷蒙德出生时，瓦汉已经当上了纽约地区的日报，《世界电讯报》的照相凸版雕刻师。

大约在达马迪安出生两年后，他们全家（还包括一个刚出生的小妹妹）搬到了纽约市皇后区的森林山住宅区。雷蒙德在当地的高中接受教育，在那里，他开始对科学和数学产生浓厚的兴趣。同时，他还在著名的纽约朱莉亚音乐学院学习小提琴。

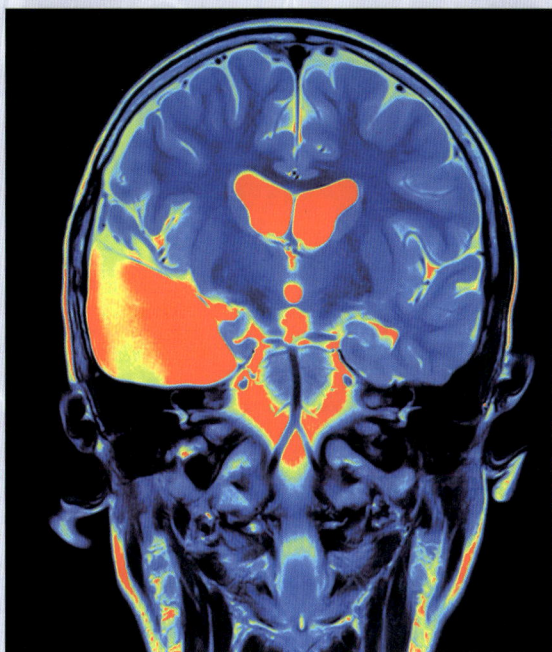

一张大脑的磁共振扫描图

15岁时，达马迪安获得了威斯康星大学的奖学金。他于1956年从该校毕业，获得理学学位。随后，他又在位于纽约布朗克斯区的阿尔伯特·爱因斯坦学院获得了医学学位，于1960年5月毕业。

一周后，他与唐娜·特里在5月31日成婚。他们搬进了纽约哥伦比亚大学附近的一套公寓，当时唐娜还是一名护理专业的学生。与此同时，达马迪安在纽约州立大学附属的州南部医疗中心获得了内科实习和住院医师资格。

在纽约完成住院医师培训后，达马迪安和妻子搬到了密苏里州的圣路易斯，在那里他在华盛顿大学医学院内科的肾脏科工作。这时，他开始对20世纪50年代中期就已出现的核磁共振技术——产生了浓厚的兴趣。后来"核磁共振"被改成了"磁共振"，因为显然医学界并不喜欢"核"这个字：

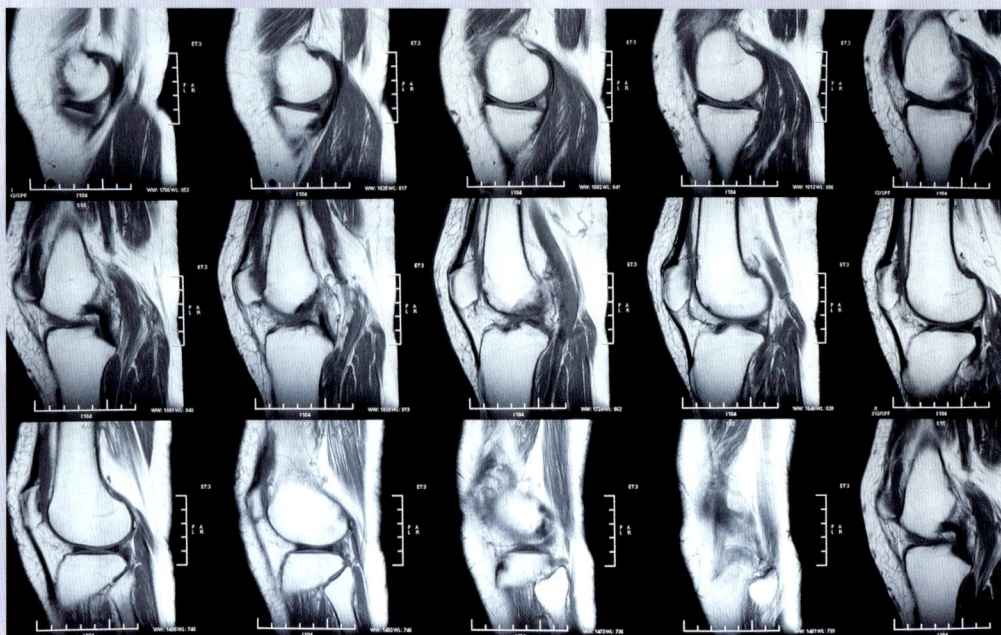

受损的人类膝关节的磁共振扫描图像

"核"往往意味着有放射性，但这项技术与放射性无关。

随后，达马迪安被征召入伍，他被派往德克萨斯州圣安东尼奥的美国空军航空医学学院，一直服役到1967年。退伍后，他回到纽约的州南部医学中心，在那里为研究生讲授生物物理学。

这时，他开始研究如何调整和改进老式磁共振技术。他想设计并制造一种全新的扫描机器，可以用非侵入性的方式来检测人体的癌症肿瘤。

1970年，经过大量的工作，达马迪安确信，他在实验室老鼠身上使用的检测癌症组织的扫描技术可以被应用于人类。在发表自己的研究成果后，他获得了美国国家癌症研究所的资助。在资助下，他建造了他的第一台MRI扫描仪，并将其命名为"Indomitable"（意为"不屈不挠"）。

　　达马迪安并不知道，此时还有两位科学家也在研究他们的磁共振扫描仪。其中一位是纽约石溪大学的保罗·劳特布尔博士，另一位是英国诺丁汉大学的物理学家彼得·曼斯菲尔德教授。2003年10月6日，这两人共同获得了诺贝尔生理学或医学奖，获奖理由正是"他们关于磁共振成像的发现"。

　　达马迪安对自己没有被列入名单感到非常愤怒，他在一些美国主要报纸上做了整版说明，标题是《必须纠正这个可耻的错误》。他声称自己才是磁共振扫描仪的真正发明者，劳特伯和曼斯菲尔德只是对他的技术进行了改进。

　　虽然达马迪安因为他的成就获得了很多荣誉，包括美国国家技术奖章和入选美国国家发明家名人堂，但毫无疑问，他认为诺贝尔奖委员会对他非常不公平。

医生在操作磁共振成像仪

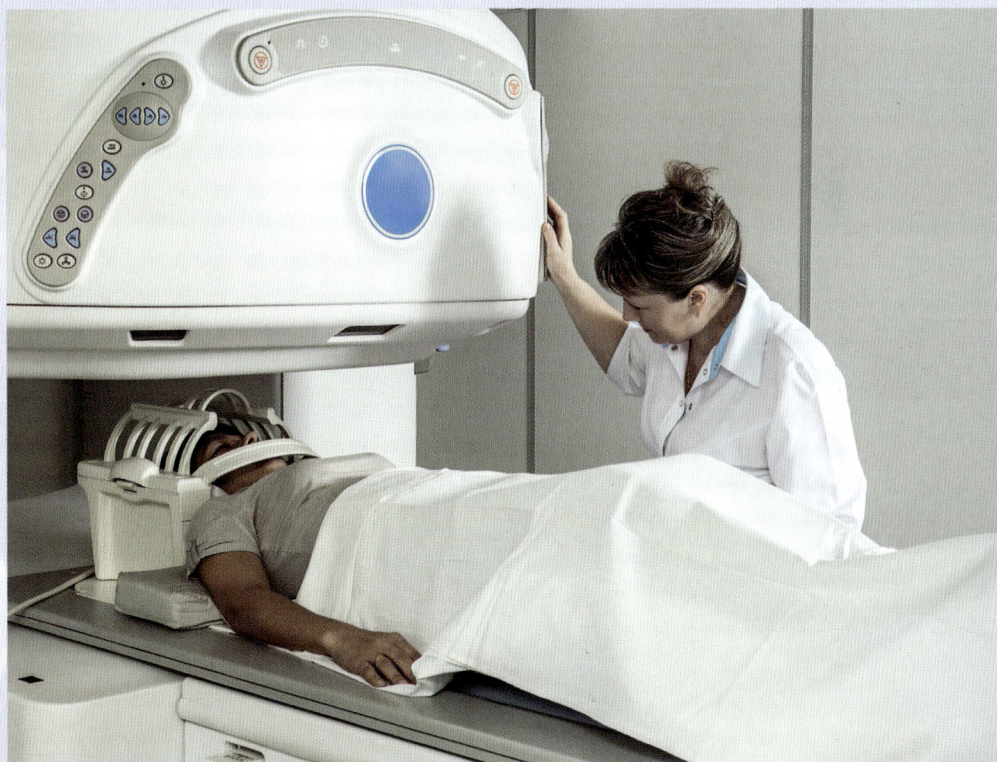

蒂姆·伯纳斯 - 李
Tim Berners-Lee

生于1955年6月8日，英国
发明万维网

有一些发明家会因为自己的发明变得富有而出名，也有一些发明家一直在贫困和默默无闻中徘徊。但是，无论怎样，都没有多少人会允许他人无限制地使用自己的发明而不期望任何回报。

但蒂姆·伯纳斯–李就是这样一个人，他发明了万维网，并在1991年8月6日向公众发布了自己的这项发明。如果他申请专利并为自己保留权利，他几乎肯定会成为世界上最富有的人之一。然而他没有这样做，全世界的网络用户都受益于他的无私与慷慨。

1955年6月8日，蒂姆·约翰·伯纳斯–李出生于伦敦。他的父母都是计算机科学家，他在很小的时候就对电子学产生了浓厚的兴趣。

在伦敦完成基础教育后，他进入牛津大学女王学院，1976年以一级荣誉获得物理学士学位。随后，他在多家英国的公司担任计算机系统工程师，并展示出了他非常突出的能力。

1980年6月，伯纳斯–李搬到瑞士日内瓦，作为独立承包商为一个叫欧洲核子研究中心的欧洲组织工作了6个月。该组织位于瑞士和法国边界。他在那里，设计并建造了一个名为"ENQUIRE"的供自己使用的原型计算机系统，用于存储和检索信息。

这个小小的开端就是万维网诞生的起始。1980年12月，伯纳斯–李回到英国，在接下来的三年里，他在多塞特郡南海岸的小镇伯恩茅斯管理一家计算机公司的技术部门。他在这里获得了宝贵的计算机网络方面的经验。

1984年，在被授予计算机奖学金后，他又回到了欧洲核子研究中心，开始参与科学数据采集和系统控制方面的工作。但是，随着时间的推移，他越来越沮丧，因为使用了不兼容的系统和不同软件的计算机之间无法相互沟通。

伯纳斯–李决心改变这一切，他开始研究如何将欧洲核子研究中心产生的大量文件整合到他所谓的"通用链接信息系统"中。通过这个系统，存储在各个计算机上的文件将获得

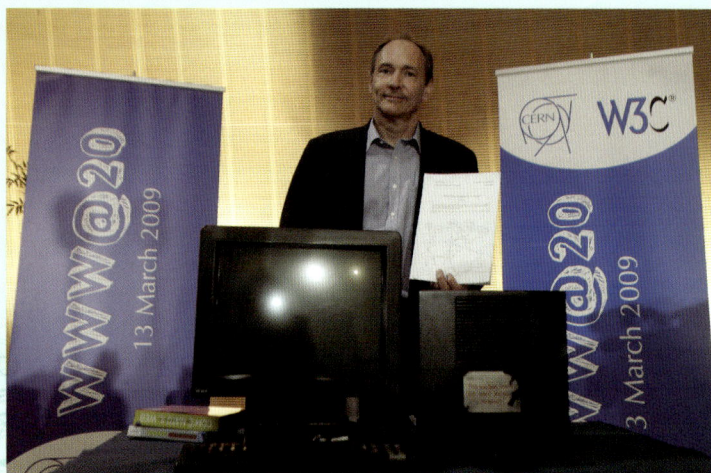

2009 年，蒂姆·伯纳斯 - 李在他提出网络概念 20 周年的纪念会上与第一台万维网服务器的合影

各自的"超链接"。这个"超链接"不仅可以指向本台计算机上的文件，也可以指向其他计算机上的文件。

这份写于1989年的提案给伯纳斯–李的上司留下了深刻的印象，他积极鼓励伯纳斯–李尽可能在这个项目上多花一些时间。伯纳斯–李发现他需要一个与他技能互补，并对未来有共同愿景的人。于是，他联系上了一位经验丰富的欧洲核子研究中心的同僚，比利时信息学工程师罗伯特·卡里奥。

整个1990年的秋季，两人都在一起工作，创造出了浏览器的基本元素，伯纳斯–李将之称为"万维网"。他还使用自己发明的"超文本标记语言"（即"html"）编写了世界上第一批网页，并于12月将其发布在自己的服务器上。12月25日，伯纳斯–李首次通过"超文本传输协议"（即"http"），成功地从一个网页冲浪到另一个网页。

接下来，他们必须要为这个非凡的创新想一个名字。正如卡里奥后来所回忆的那样："蒂姆和我试图在欧洲核子研究中心的一些会议上为这个系统找到一个好听的名字。我下定决心，这个名字不要再取自希腊神话……蒂姆提出称其为'World Wide Web'，我非常喜欢这个名字，不过它在法语中很难发音。"

1991年8月6日，世界上第一个网站和网络服务器在法国境内的欧洲核子研究中心建成后开始运行。它的网络地址是info.cern.ch，第一个网页的地址是http://info.cern.ch/hypertext/WWW/TheProject.html。

两年后，伯纳斯-李说服欧洲核子研究中心提供了他所需的认证，以确保他的发明能在公共领域运行，可以被任何人免费使用。这是个不同寻常的善举，永远改变了信息技术和通信。

1994年5月，第一届国际万维网大会（简称WWW会议）在欧洲核子研究中心举行，有近400名代表出席了会议。

同年10月，伯纳斯-李离开了欧洲核子研究中心，移居美国，在世界著名的波士顿麻省理工学院成立了万维网联盟（W3C）。这个联盟的使命是制定和维护网络的国际标准，并促进其未来的发展。

伯纳斯-李一直对他的个人生活严加保护。他1990年6月与美国计算机程序员南希·卡尔森结婚，育有两个孩子，后来他们在2011年离婚。2014年6月，他与万维网基金会董事、哈佛大学研究员罗斯玛丽·利斯结婚。

在他杰出的职业生涯中，伯纳斯-李获得了许多奖项和荣誉，包括2004年7月因"对全球互联网发展的贡献"而被授予爵位。2007年6月，他被授予功绩勋章，成为仅有的24位在世的获奖者之一，这个奖项由英国君主亲自授予获奖者，被许多人认为是英国最高的荣誉。2011年3月，伯纳斯-李与美国慈善家泰德·透纳和肯尼亚工程师埃文斯·瓦东戈一起获得了米哈伊尔·戈尔巴乔夫"改变世界的人"奖。

2017年，伯纳斯-李公布了一项五年战略，以期解决互联网上错误信息传播和个人数据缺乏控制等问题。他的愿景是"数字平等"——"利用开放网络建立一个更加平等的世界"。

更多灵感：
其他发明家小传

阿基米德
Archimedes

公元前287年—公元前212年，锡拉库扎/西西里岛

阿基米德不仅是古代最伟大的数学家，也是有史以来最有天赋的数学家之一。同时，他还是杰出的发明家、工程师、物理学家和天文学家。他的众多发明包括安装在大船上用来清除舱底水的机械装置，利用太阳辐射热能的武器，以及各种杠杆。阿基米德发现了有关物体在水中受到浮力作用的阿基米德定律。传说，当时他赤身裸体地从浴池里跳出来，一边在大街上奔跑，一边高喊着"尤里卡"，也就是"我发现了！"。

阿尔·加扎利
Al-Jazari

约1136年—1206年，可能是美索不达米亚（西南亚）

1206年，也就是加扎利去世的那一年，他完成了著名的《精巧机械装置的知识》。他花费了七年的时间来写这本书，书中详细介绍了他发明的约100种装置，有些实用，有些不实用。其中最具创新性的是五种抽水机，包括一种由水力驱动的抽水机。它能从湖中取水，并将水送入一个有齿轮的瓢轮，再将水引到大马士革周围的医院和清真寺。他还有一些其他有深远意义的发明，例如由杠杆操作的抽水装置和自动饮水机。

菲利贝尔·德洛姆
Philibert Delorme

约1514年6月—1570年1月8日，法国

　　建筑大师德洛姆被公认为是法国文艺复兴时期最具前瞻性的贡献者之一。他"发明"了一种法国古典主义风格，其影响一直持续到了18世纪。他深受法国国王亨利二世的赏识。亨利二世任命他为建筑总监，并委托他设计了许多宫廷建筑。不过，据说德洛姆最重要的作品是他为亨利的情妇黛安·德·普瓦捷建造的位于法国北部的阿内城堡。

威廉·吉尔伯特
William Gilbert

1544年5月24日—1603年12月10日，英国

　　1583年父亲去世后，作为伦敦最杰出的医生之一的吉尔伯特继承了一大笔钱，他决定将这笔钱花在一系列科学实验上，他对磁学特别感兴趣。通过实验他得出结论：指南针总是指向北方是因为地核是有磁性的。1600年吉尔伯特出版了《论磁》，在很长的一段时间里，这本书一直是磁学的标准论著。1601年，吉尔伯特被任命为女王伊丽莎白一世的御医。1603年伊丽莎白一世去世后，吉尔伯特又以同样的身份继续为国王詹姆士一世服务，但不久吉尔伯特就去世了。据说他死于当时伦敦流行的瘟疫。

约翰·哈林顿
John Harington
1561年8月4日—1612年11月20日，英国

哈林顿是一位王国骑士，是拥有伊丽莎白一世女王宫廷特权的贵族，同时他也是一位诗人和翻译家，但最让人不可思议的是，他竟然还是发明英国第一个抽水马桶的人。在16世纪末，他就在乡下的庄园里安装了抽水马桶。据说女王在拜访这里时，对此留下了深刻的印象，于是为她在里士满的宫殿也订购了一个。如今，冲水式厕所已很普及了，但在伊丽莎白时代的英国，人们大多会把粪便直接倒在路边，造成了各种健康隐患。

伽利略·伽利莱
Galileo Galilei
1564年2月15日—1642年1月8日，意大利

1613年，著名的意大利天文学家、数学家和物理学家伽利略推测，太阳系的中心是太阳而不是地球，地球和所有其他行星都在围绕太阳旋转。由于这个观点与当时罗马天主教的观点完全相悖，他的发现被彻底否定，他也被禁止授课。由于持续的争论，他最终于1632年被带到宗教裁判所，被认定为异端，并遭到软禁，之后他在软禁中度过了余生。

汉斯·李普希
Hans Lippershey
约1570年—1619年9月29日，德裔荷兰人

虽然现在还搞不清楚究竟是谁真正发明了望远镜，但无法否认的是，1608年，居住在荷兰的李普希是世界上第一位为该仪器申请专利的人。他是一名眼镜和透镜制造商，他把望远镜描述成为一种可以"看远处的东西就像在近处一样"的仪器，并声称它可以把物体放大三倍。第二年，伟大的意大利天文学家和物理学家伽利略·伽利莱在听说了李普希的望远镜后，自制了一台放大倍数为20倍的望远镜。

科内利斯·德雷贝尔
Cornelius Drebbel
1572年—1633年11月7日，荷兰

1620年，德雷贝尔曾在荷兰从事研磨透镜和光学研究的工作。他为英国皇家海军工作时，设计并建造了世界上第一艘可航行的潜水艇。这艘潜艇用涂了油脂的皮革包裹，靠船桨驱动，可以在水下4米左右的深度进行短距离航行。英国国王詹姆斯一世对潜艇十分感兴趣，他坚持让德雷贝尔把他带上潜艇，在泰晤士河中试潜，从而成为英国第一位在水下航行的君主。

罗伯特·胡克
Robert Hooke

1635年7月28日—1703年3月3日，英国

　　1648年，13岁的胡克用父亲去世后留下的40英镑，从英格兰南岸怀特岛来到伦敦。在跟随一名画家短暂做了一阵子学徒后，他进入威斯敏斯特学校学习。1653年胡克获得了牛津大学的入学资格，他在那里培养出了对于科学的热情，这也成了他一生的追求。在胡克的众多成就中，有一项是对摆钟机芯进行了改进。他还在1660年发明了一种怀表游丝，将它接到摆轮上就能确保准确记录时间。他还是一名建筑师，为1666年9月伦敦大火中被毁的建筑做了新的设计。

托马斯·纽科门
Thomas Newcomen

1664年2月—1729年8月5日，英国

　　在英格兰西南部的康沃尔，开采锡矿是一项危险的职业，主要是因为那里的矿井经常被水淹没。用人力或用马匹抽水效率低下、费力且花费高昂，甚至常常会导致矿主破产。1712年，一位名叫纽科门的铁匠想出了一个解决方案。他发明了世界上第一台专门用于从矿井中抽水的常压蒸汽机。它最初被用于一个饱受淹水困扰的煤矿，能以每分钟45升的速度将水抽出。纽科门蒸汽机很快就畅销起来，直到1775年左右，才开始被苏格兰工程师詹姆斯·瓦特发明的更高效的蒸汽机所取代。

约翰·哈里森
John Harrison
1693年4月3日—1776年3月24日，英国

2015年的一项实验证明，250多年前的航海天文钟是"在自由空气中摆动的最精确的机械钟"，它是哈里森在18世纪中叶发明的。这种计时器可以解决航海船员面临的古老问题：如何在海上计算经度，或确定东西方位。1714年，商船经常无法在海上确定自己的位置，英国政府对此非常烦恼，为此悬赏2万英镑，希望有人能够找到确定经度的方法。作为回应，哈里森发明了一个时钟，它在100天内误差不会超过1秒，而船员只要知道准确的时间，就可以确定船只的经度。有争议的是，政府并没有一次性发放这笔奖金，但最终哈里森还是从英国政府得到了23065英镑酬劳。

本杰明·富兰克林
Benjamin Franklin
1706年1月17日—1790年4月17日，美国

富兰克林不仅是一位著名的政治家和1776年起草美国独立宣言的开国元勋之一，他还是一位富有的报社老板和印刷商，同时又是一位天才的业余科学家和多产的发明家。他对电特别感兴趣，发明了避雷针，它可以使雷电通过电线安全地传导到地面，而不直接击在建筑物上。他的其他发明包括：富兰克林炉，一种金属内衬的壁炉，它能以比明火更高的效率使房间保持温暖；双焦眼镜；蛙鞋；以及一种柔性导尿管，这是为了帮助他患有肾结石的哥哥而发明的。

卡尔·林奈
Carl Linnaeus
1707年5月23日—1778年1月10日，瑞典

　　凭借着建立了一个可以对所有生物进行命名、排序和分类的系统，林奈被人们誉为"分类学之父"。他的父亲尼尔斯是一位教会牧师，在林奈还不会走路时，尼尔斯就开始教他说拉丁语了。林奈也从小就从父亲那里获得了对植物学的兴趣。在读大学时，林奈对当时的植物分类方式并不满意，并决定自己开发一个新的分类系统。1732年，他在拉普兰花了6个月时间观察当地的动植物，并在此过程中发现了100种新植物。在1741年成为乌普萨拉大学植物学教授之前，他还曾获得医学博士学位，并在斯德哥尔摩行医执业，同时，他也一直在研究分类系统。他现在被公认为是18世纪最伟大的科学家之一。

詹姆斯·哈格里夫斯
James Hargreaves
1720年12月13日—1778年4月22日，英国

　　1764年，哈格里夫斯，一个带着13个孩子的完全没有受过教育的木匠兼织工，发明了一台非凡的机器，为英国第一次工业革命做出了重大贡献。因为生产过程缓慢而费力，当时英国对于棉布的需求量远远超过了供应量。哈格里夫斯对一次只能纺一两个纱锭的纺纱机并不满意——这种装置自13世纪以来一直没有改变。他受到启发，发明了珍妮纺纱机。它有八个纱锭，操作者只需转动一个轮子，就能同时纺出八条纱线。他的机器改变了棉花工业，到哈格里夫斯去世时，英国已有数千台珍妮机投入了使用。

安托万·德·拉瓦锡
Antoine de Lavoisier

1743年8月26日-1794年5月8日，法国

　　在巴黎攻读法律学位时，拉瓦锡对科学产生了浓厚的兴趣，尽管他的律师父亲警告他科学不是一个正经的行业，更多的是一种爱好。然而，拉瓦锡没有理会这个忠告，继续对化学进行了革命性的研究。他的成就众多，除命名了几种元素外，尤其以发现了氧气在燃烧中的作用而闻名，并被公认是"化学之父"。在法国大革命期间，拉瓦锡因被诬告在烟草中掺假而被送上了断头台。

亚历山德罗·伏打
Alessandro Volta

1745年2月18日—1827年3月5日，意大利

　　1801年，伏打向拿破仑·波拿巴介绍了他发明的电池，法国皇帝对此印象深刻，并封伏打为伯爵。伏打是一位意大利物理学家，他从1775年开始，就一直在研究能够提供持续电流来源的装置。他最终花了24年的时间才完成了这个被称为"伏打电堆"的装置。它由交替的银片和锌片组成，中间用浸泡在盐水中的纸板盘隔开。1881年，在伏打去世54年后，为了纪念他开创性的工作，人们将一个电动势单位命名为伏特。

约瑟夫·尼塞福尔·涅普斯
Joseph Nicéphore Niépce
1765年3月7日—1833年7月5日，法国

　　1822年，通过一种被称为"曝光影像法"的工艺，涅普斯制作出了公认的世界上第一张永久性摄影照片。七年后，他与摄影创新者路易·达盖尔合作，他们一起为一种成功的摄影术奠定了基础。约瑟夫·涅普斯和他的哥哥克劳德·涅普斯还在1807年发明了世界上第一台内燃机，这种内燃机被用于为船只提供动力。

理查·特里维西克
Richard Trevithick
1771年4月13日—1833年4月22日，英国

　　特里维西克的父亲在英国西部的康沃尔经营着的一个锡矿，因此特里维西克从小就对蒸汽泵和机械非常着迷。他小时候就喜欢观察各种事物是如何运作的，并思考对它们进行改进的方法。1797年，他制造了自己的第一台蒸汽机，三年后，他又制造出了一台绰号为"吹起魔鬼"的载客蒸汽动力车，并在圣诞前夜的公共道路上进行了演示。这是世界上第一台载客蒸汽动力车，它在载有7名乘客时的速度达到了14.5公里/小时。随后他继续对它进行改良。1804年2月21日，特里维西克的发动机被用来驱动世界上第一台蒸汽铁路机车。它在16公里的轨道上拉着5节车厢，同时能运送70人和10吨铁矿石。

迈克尔·法拉第
Michael Faraday

1791年9月22日—1867年8月25日，英国

　　尽管出身贫寒，只受过基础的学校教育，但法拉第还是成了世界上最杰出的物理学家和化学家之一，尤其以在电磁学和电化学方面的工作而闻名。14岁时，他就开始做学徒装订工，这激发了他对书籍的兴趣，开始如饥似渴地阅读。法拉第特别着迷于科学知识，并到伦敦的英国皇家学会参加晚间讲座。1813年，法拉第获得了该研究机构的实验室助理职位。在发表了大量具有启发性的研究成果后，1833年法拉第被任命为该研究机构的富勒化学教授。据说，伟大的理论物理学家爱因斯坦非常崇拜法拉第，一直在书房中保存着他的照片。

查尔斯·巴贝奇
Charles Babbage

1791年12月26日—1871年10月18日，英国

　　尽管巴贝奇童年的大部分时间都是在家中度过的，但他在学习上非常努力。1810年他被剑桥大学录取，并在数学方面表现出色。毕业后，巴贝奇应邀到位于伦敦的英国皇家学会做微积分的讲座。1828年，他被任命为剑桥大学数学系的卢卡斯教授，后来著名的理论物理学家斯蒂芬·霍金也曾任职这一职位。长期以来，巴贝奇一直对能够计算数学表格的机器概念很感兴趣，据说他后来设计并制造出了现代计算机的前身。

罗伯特·本生
Robert Bunsen

1811年3月30日—1899年8月16日，德国

　　本生炉是大多数实验室中最常用的物品之一。本生炉的火焰炽热而干净，它是1855年德国化学家本生和海德堡大学仪器制造者彼得·德萨加一起发明的。本生是著名的化学家，1831年，年仅19岁的本生就因关于湿度计的研究在哥廷根大学获得了博士学位。次年，他获得德国政府的奖学金，得以周游欧洲，在多个实验室学习化学。自1833年起，本生在德国多所大学担任了高级职务，被视为一位良师。

约瑟夫·李斯特
Joseph Lister

1827年4月5日—1912年2月10日，英国

　　李斯特被称为"现代外科之父"。19世纪末，他在格拉斯哥担任医院外科医生时，对一些病人在手术后的高感染率感到不安。他意识到保持开放性伤口清洁的重要性，于是开始使用稀释的石碳酸（苯酚）作为消毒剂对手术器械和敷料进行消毒。他还鼓励大家在进入手术室前洗手。这种做法的效果立竿见影，手术后死亡率大幅下降。

卡尔·本茨
Karl Benz

1844年11月25日—1929年4月4日，德国

　　1885年，机械工程师本茨设计并制造了世界上公认的第一辆实用汽车，这是一辆由内燃单缸四冲程发动机驱动的三轮汽车，最高速度约为16公里/小时。三年后，经过各种改进，本茨开始销售这种三轮汽车，使其成为世界上第一辆商业化的汽车。到了1893年，他开始研发更实用的四轮汽车，随后又推出一系列赛车，其中一辆名为"Velo"的赛车于1894年参加了在法国城市巴黎和鲁昂之间进行的世界上第一场赛车比赛。第二年，本茨还设计了有史以来的第一辆卡车。

卡尔·费迪南德·布劳恩
Karl Ferdinand Braun

1850年6月6日—1918年4月20日，德国

　　在1897年，德国物理学家卡尔·布劳恩制造了第一个阴极射线管。这是一种特殊的真空管，当阴极射线被磁力偏转时就会产生图像。20世纪20年代，阴极射线管成为电视电子设备的重要部件。这种通常被称为布劳恩管的阴极射线管后来也被用于计算机和雷达技术。直到20世纪末，阴极射线管才让位于平面屏幕技术。布劳恩也很热衷于无线电报科学，1909年，他与同领域的另一位先驱——意大利人古列尔莫·马可尼分享了诺贝尔物理学奖。

阿道夫·加斯顿·费克
Adolf Gaston Fick

1852年2月22日—1937年2月11日，德国

　　据估计，现在全世界有超过1.25亿人通过佩戴隐形眼镜来改善视力。这要归功于一位天才医生和生理学家阿道夫·加斯顿·费克，他在1887年发明了第一个这样的视觉辅助设备。费克在兔子、他自己和一小群志愿者身上测试了这种镜片。然而，由于镜片是由玻璃制成的，他的第一款镜片并不舒适，只能短时间佩戴。后来，随着柔软、有弹性的塑料镜片的问世，这一切都发生了改变。

乔治·伊士曼
George Eastman

1854年7月12日—1932年3月14日，美国

　　伊士曼15岁时就离开了学校，做了一名勤杂工来养活他守寡的母亲。他把所有的闲钱都用在了他的爱好摄影上。当时的相机既昂贵又笨重，用玻璃板冲洗照片是一个复杂的过程。伊士曼决心改进这项技术，并在1880年为第一部实用的胶卷申请了专利。之后，1880年，柯达相机问世，它重量轻，使用方便，为大众打开了摄影的大门。伊士曼建立了庞大的企业，柯达相机和胶卷公司。他还成了一位慈善家，在去世前共捐出了约1亿美元，其中大部分是匿名的。

金·坎普·吉列
King Camp Gillette

1855年1月5日—1932年7月9日，美国

　　用被称为"割喉刀"的剃须刀来剃须是一件很危险的事情，男人们经常被刀片割伤，而且必须时常磨刀片。然而，这一切都将在20世纪初改变：一种全新的剃须刀，即一次性安全剃须刀问世了。吉利发明的这种剃须刀由两块板子和其间薄薄的钢刀片组成，并有固定手柄。吉列是一位成功的旅行推销员，他灵感迸发，意识到一次性的产品是一种理想的商业模式。这种剃须刀的制造始于1903年，10年后，吉列剃须刀已经成为世界上最受欢迎的男士剃须刀，这也使吉列成了大富翁。

鲁道夫·狄塞尔
Rudolf Diesel

1858年3月18日—1913年9月29日，德国

　　狄塞尔的职业生涯是从做一个制冷工程师开始的，但他更感兴趣的是设计一种新的内燃机，能够比那些由蒸汽或汽油驱动的内燃机更省燃料。1892年，他制造了一种发动机并申请了专利，这种发动机通过压缩空气来点着燃料，而不是在火花塞点着燃料之前将空气和燃料一起压缩。然而，他在1913年9月29日晚上在船上离奇失踪。是自杀还是他杀？也许是因为他的新发动机威胁到了石油工业？或者是被怀疑他将发动机技术交给了英国的德国人所谋杀？

卡尔·尼伯格
Carl Nyberg

1858年5月28日—1939年3月25日，瑞典

这位年轻的金属工人想实现真正的载人飞行，但无论他如何努力，所有的实验都以失败告终。尼伯格用来驱动飞机的蒸汽机锅炉是用4个他在1882年发明的汽化喷灯加热的。这些喷灯引起了马克斯·西弗特的注意，他是尼伯格在一次乡村博览会上认识的商人。1886年西弗特开始销售这些喷灯，并取得了巨大的成功。喷灯由一个在压力下储存燃料的气缸组成，通过喷嘴产生强烈的火焰，现在仍在全世界各地使用。

爱德华·米其林
Edouard Michelin

1859年6月23日—1940年8月25日，法国

爱德华·米其林和他的哥哥安德烈·米其林一起发明了世界上第一个充气橡胶轮胎，为刚刚起步的汽车工业带来了革命性的发展。1888年，他们从祖父手中接管了一家不景气的经营农具和各种橡胶制品的公司。当时自行车运动非常流行，爱德华从中看到了商机，设计改进了一种易于更换和维修的充气自行车轮胎。随后，他开始为新型汽车研制轮胎。事实证明，新的汽车轮胎立即获得了成功，并成为汽车行业的基础。

威廉·埃因托芬
Willem Einthoven

1860年5月21日—1927年9月29日，荷兰

　　1924年，诺贝尔生理学或医学奖颁给了荷兰医生埃因托芬，以表彰他发明了世界上第一台实用性的心电图仪。这是一种可以测量心脏电活动的巧妙的临床设备。早在1901年，埃因托芬就开始了对心脏监测的研究。起初他设计了一种被称为弦线式电流计的装置，这种装置使用的是强磁铁，然而它重达270公斤，而且需要5个人来操作。埃因托芬又花了两年的时间来研究制造一种更实用的设备。虽然心电图一经推出就受到医学界的欢迎，但过了21年，埃因托芬的成果才获得了诺贝尔奖。

卢米埃兄弟
Lumière Brothers

奥古斯塔：1862年10月19日—1954年4月10日，
　　　　　法国
路易斯：1864年10月5日—1948年6月6日，法国

　　卢米埃兄弟是电影摄影的发明者。1892年，他们从父亲手中接管了一家濒临倒闭的照相制版厂。1894年，他们扭转了困局，工厂每年可以生产1500万张版材，成了欧洲同类公司中最大的一家。随后，他们对"移动"摄影技术产生了浓厚的兴趣，并拍摄了许多短片。1895年12月28日，兄弟俩在巴黎卡普辛大道14号的格朗咖啡馆放映了10部影片。这其中就有他们的第一部影片，名为《离开卢米埃工厂的工人》。每卷电影胶片长17米，放映时间为50秒。后来，这一天被公认为电影的诞生日。

亨利·福特
Henry Ford

1863年7月30日—1947年4月7日，美国

　　1913年，福特采用流水线装配汽车，生产出了著名的福特T型车。这项创新是福特公司的员工提出的，它将制造一辆汽车的时间从12个小时缩短到仅仅2.5个小时。截至1927年，T型车的销量就已经超过了1500万辆，是当时世界上销量最大的汽车，直到1972年被德国大众汽车生产的甲壳虫汽车取代。福特彻底改变了汽车工业，使福特汽车公司成为世界上最大的汽车制造商，也使1879年作为机械学徒开始工作生涯的福特成了世界上最富有的人之一。

利奥·贝克兰
Leo Baekeland

1863年11月14日—1944年2月23日，美籍比利时裔

　　1907年，贝克兰发明了一种在加热时也能保持坚硬的塑料——酚醛树脂，并因此被称为现代塑料工业之父。1893年，他发明了一种能够在人工光下显影的相纸，这也是第一种在商业上成功的相纸。1899年，贝克兰与两个商业伙伴一起，以75万美元的价格将这种相纸的生产权卖给了柯达相机和胶卷公司的创始人乔治·伊士曼。

费利克斯·霍夫曼
Felix Hoffmann

1868年1月21日—1946年2月8日，德国

　　1897年8月10日，化学家霍夫曼认为他可能想出了一种办法可以减轻父亲因风湿病而遭受的持续疼痛。他通过合成两种药物——水杨酸和乙酸——创造了乙酰水杨酸，它似乎具有减轻疼痛、降低体温的作用，并且还有消炎的功效。两年后，经过更多的研究，霍夫曼的发明被他任职的拜耳公司商业化，并将其命名为阿司匹林。阿司匹林最初以粉末形式生产，后来又以片剂的形式生产，成为有史以来使用最广泛的止痛药。

乔治·克劳德
Georges Claude

1870年9月24日—1960年5月23日，法国

　　1910年春，工程师兼化学家乔治·克劳德发现，惰性气体在通电时能产生光。他在同年秋天的巴黎车展上首次公开展示了霓虹灯。这种新式的照明设备可以用于广告招牌、家庭和工业。事实证明，霓虹灯在商业上取得了巨大的成功，使克劳德变得极为富有。但在1945年，他因曾在第二次世界大战期间与纳粹合作而入狱。

汉斯·伯格
Hans Berger

1873年5月21日—1941年6月1日，德国

    1929年，精神病学家伯格在德国发表了一篇科学论文——这篇论文花了他五年的时间才完成——描述了他如何发明了一种装置，这种装置可以通过将电极附着在病人的头皮上来记录人脑的电活动。令他沮丧的是，他的成果遭到了医学界和科学界的怀疑和蔑视。然而，他们大错特错了。伯格这项被称为脑电图仪的非凡发明，后来被证明是20世纪最伟大的诊断突破之一。到1938年，脑电图已经被广泛使用，但那时伯杰已经患上了严重的抑郁症。

卡尔·博施
Carl Bosch

1874年8月27日—1940年4月26日，德国

    作为一名天才的工业化学家和工程师，博施因其创新性的研究在1931年被授予诺贝尔化学奖。他发明了一种在高压下合成氨的方法。氨是一种氮和氢的化合物，有刺激性气味，被广泛用于工业和农业肥料中。他是1925年德国法宾公司的创始人之一，该公司曾是世界上最大的化学与制药公司之一。

奥尔·埃文鲁德
Ole Evinrude
1877年4月19日至1934年7月12日，美籍挪威裔

　　1906年一个炎热的夏天，年轻的工程师埃文鲁德在湖上划着划艇来回跑了8公里去取冰淇淋，累得筋疲力尽。之后，他决定开发一种以汽油为燃料的舷外发动机。一年后，他制造出了一台1.5马力的单缸发动机，他的妻子说这台发动机看起来像一台咖啡研磨机。1911年，他获得了专利，很快就在一年内卖出了数千台这种舷外发动机。埃文鲁德出生在挪威，但在他五岁时移居美国。他并不是世界上第一台舷外发动机的发明者，然而，他是第一个因此获得商业成功的人。

弗里茨·波弗劳姆
Fritz Pfleumer
1881年3月20日—1945年8月29日，德国

　　工程师波弗劳姆非常喜欢听录音音乐——尤其是歌剧——但他对早期在细钢丝上制作磁性录音的音频机糟糕的音质非常不满。他想，一定有更好的办法。1928年，波弗劳姆采用了最初被应用于卷烟行业的技术，提出了将磁粉应用于薄带或丝带的想法。令他高兴的是，事实证明它比细钢丝好得多。1932年，他的想法被德国通用电气公司采纳，并与巴斯夫公司合作。几年后，第一台录音机在此基础上被成功制造了出来。

欧仁·舒勒尔
Eugène Schueller

1881年3月20日—1957年8月23日，法国

　　1907年，在巴黎索邦大学担任实验室助理的年轻化学家舒勒尔被一家大型理发店的老板问及是否能开发出一种不刺激头皮的女性用合成染发剂。两年后，经过大量艰苦的研究，舒勒尔成功制成了合成染发剂，并成立了自己的染发剂公司，欧莱雅。后来，它成了世界上最大的化妆品公司，舒勒尔变得非常富有。作为法国一个法西斯组织的支持者，第二次世界大战时舒勒尔险些因与纳粹合作而被定罪。

汉斯·盖革
Hans Geiger

1882年9月30日—1945年9月24日，德国

　　1939年9月，第二次世界大战开始时，一些德国科学家成了一个名为"铀俱乐部"的绝密原子研究项目的成员。他们的目标是为第三帝国制造核武器，而他们的努力随着6年后德国战败而结束。51岁的物理学家汉斯·盖革就是这个小组的成员之一。1928年，盖革与物理学家瓦尔特·穆勒一起发明了用于测量辐射水平的装置，盖格计数器。早在1908年，盖革就在英国曼彻斯特大学与英国著名科学家欧内斯特·卢瑟福合作，建造了最早的盖革计数器。

弗拉基米尔·佐利金
Vladimir Zworykin

1889年7月30日—1982年7月30日，美籍俄罗斯裔

1919年，俄国革命爆发两年后，电气工程师佐利金决定将自己的前途寄托于他国。他移居美国，加入了位于匹兹堡的西屋电气公司。在那里，佐利金有机会进行了一系列的实验，研究用电线传输图片的新科学，也就是后来的电视。1923年12月，佐利金为他的"光电摄像管"申请了专利，这是一种能够传输高质量图像的设备。这是一个重大的突破，6年后，佐利金又设计出了能接收电视图像的显像管。这项开创性的工作为他在电视业的历史上赢得了持久的地位。

珀西·肖
Percy Shaw

1890年4月15日—1976年9月1日，英国

反光道钉是20世纪对道路安全贡献最大的发明之一，它是由珀西·肖在1934年发明的。当时的道路照明很差，司机往往很难保持在道路正确的一侧。作为道路承包商，珀西·肖开始寻找解决方法。在一个大雾弥漫的夜晚，肖观察到路标会反射汽车前灯的灯光，从而得到了灵感——而不是传说中灵感来自于猫的眼睛。他的解决方案就是反光道钉。反光道钉是一个镶嵌在橡胶垫和金属支架上的玻璃圆筒，圆筒的表面有一个弯曲的反光面。当车辆轧过橡胶垫时，圆筒会被固定的橡胶垫压下清洗。肖的发明很快就在全世界范围内得到了使用。

奥莱·柯克·克里斯蒂安森
Ole Kirk Christiansen

1891年4月7日—1958年3月11日，丹麦

很少有人没有听说过乐高，它很可能是玩具制造史上最著名的品牌。1932年，木匠克里斯蒂安森用木头制作了他的第一个玩具，那时他的公司一共只有7名员工。1949年，他从一家英国公司购买了一台注塑机，随后转向塑料行业，开始大规模生产联锁积木。从那时起，该公司规模开始不断扩大，现在已经成了世界上最大和最赚钱的玩具公司之一。

尤金·胡德利
Eugene Houdry

1892年4月18日—1962年7月18日，美籍法裔

胡德利以最高荣誉毕业于机械工程专业，他对赛车和提高赛车性能非常着迷。他很快意识到燃料的质量是一个限制因素，并开始研究将原油转化为高辛烷值汽油的方法。这就是众所周知的胡德利催化裂化过程。后来，胡得利从法国搬到美国，他逐渐意识到汽车尾气中的一氧化碳对大气的有害影响。他的洞察力使他发明了催化转换器，一种可以大大减少汽车尾气中有毒气体的装置，现在已经成了汽车的标准配件。

胡安·德拉谢尔瓦
Juan de la Cierva

1895年9月21日—1936年12月9日，西班牙

1923年1月19日，世界上第一架旋翼飞机在西班牙成功完成了183米的飞行。两年后，一位航空和土木工程师在英国范堡罗向英国空军部展示了他的发明，将这个距离增大到了约5公里。官员们对此印象深刻，鼓励谢尔瓦在英国继续他的设计和开发工作。1928年9月18日，他驾驶旋翼飞机从伦敦飞往巴黎，1930年又完成了从英国到西班牙的飞行。此后，旋翼飞机开始在世界各地使用，直到在第二次世界大战中被直升机取代。具有讽刺意味的是，年仅41岁的谢尔瓦在乘坐一架固定翼飞机时丧生，当时那架飞机起飞后不久就在浓雾中坠毁了。

阿纳斯塔塞·德拉戈米尔
Anastase Dragomir

1896年2月6日—1966年6月，法籍罗马尼亚裔

1929年8月25日，首次成功的飞机弹射座椅实验在法国巴黎奥利机场进行，随后10月26日，罗马尼亚布加勒斯特机场又进行了第二次成功试验。1930年4月2日，年轻发明者德拉戈米尔因这种"可弹射座舱"获得了法国专利。在法国航空工业工作时，他开始担心飞行员和乘客的安全，认为如果发生紧急情况，他们必须逃离飞机，于是设计并完善了他的救生装置。弹射座椅主要用于军用飞机，现在被认为是标准的且必不可少的设备。

阿森·约尔丹诺夫
Assen Jordanoff

1896年9月2日—1967年10月19日，美籍保加利亚裔

  约尔丹诺夫被誉为保加利亚航空工程工业的推动者，他在1915年夏天设计并制造出了该国第一架飞机。不久之后，他发明了一种非常宝贵的装置，可以防止飞机失去高度。他还研究了一种系统来过冷飞机燃料，以防止飞机着火。1921年，约尔丹诺夫移居美国，他与伟大的发明家托马斯·爱迪生合作开展了许多项目。随后，他作为美国航空业的主要创新者而声名鹊起。

卡尔·蒙特
Carl Munters

1897年3月22日—1989年3月29日，瑞典

波尔查·冯·普拉顿
Baltzar von Platen

1898年2月24日—1984年4月29日，瑞典

  20世纪最能改变家庭生活的发明莫过于冰箱。1922年，工程系学生卡尔·蒙特和波尔查·冯·普拉顿推出了第一台燃气吸收式冰箱。在这之前，人们只能通过使用冰块让食物保持低温。这两位年轻的发明家利用一种巧妙的工艺——氨蒸发冷凝循环，提出了一种永远改变食物保存过程的装置。据说，爱因斯坦本人也被这种冰箱所震惊。这种冰箱于1923年正式投入生产。

埃里克·罗塞姆
Erik Rotheim

1898年9月19日—1938年9月18日，挪威

　　1929年6月，挪威颁发了第一个气雾剂喷雾罐和阀门的专利，随后，1931年4月，它又在美国获得了专利。现在世界各地有数十亿计的喷雾罐，它们通过使用化学推进剂来释放各种液体，如发胶、杀虫剂、油漆和香水。1925年，化学工程师罗塞姆成立了一家公司来开发和销售他的发明。1927年，他向一家挪威涂料制造商进行了首次实际演示，并就分销协议进行了谈判。然而起初，喷雾罐在商业上并不十分成功。直到20世纪40年代，罗塞姆去世后，喷雾罐技术在美国得到进一步改进，它的销售才有了转机。

查尔斯·里克特
Charles Richter

1900年4月26日—1985年9月30日，美国

　　世界上任何地方发生地震时，其震级都会用所谓的里氏震级来测量。里氏震级是地震学家和医生里克特在1935年发明的一种测量系统。在此之前，对地震强度的计算依赖于建筑物和人对地震的反应，是一门不精确的科学。然而，里克特与他的同事贝诺·古腾堡一起，使用地震仪记录了地震时地面实际的移动方式。里氏震级成为科学家衡量地震强度的标准，直到20世纪70年代被矩震级所取代。

鲁内·埃奎斯
Rune Elmqvist

1906年12月1日—1996年12月15日，瑞典

　　1958年秋，43岁的瑞典工程师阿恩·拉尔森的情况很糟糕。他的心跳从正常的每分钟70次下降到了每分钟仅28次，他在昏迷与清醒中反复，可能已经活不了多久了。1958年10月8日，多亏了发明家埃奎斯的天才和心脏外科医生阿克·森宁的技术，拉尔森安装了世界上第一个完全植入式心脏起搏器。这是一项重大突破，为医学科学的进一步发展铺平了道路。拉尔森的生活有了不可估量的改善。事实上，他一直活到2002年才去世，享年86岁，比他的恩人埃奎斯和森宁都长寿。

恩斯特·鲁斯卡
Ernst Ruska

1906年12月25日—1988年5月27日，德国

　　1986年，物理学家鲁斯卡被授予诺贝尔物理学奖，以表彰他50年前发明的一种设备——电子显微镜。这是20世纪最重要的发明之一。与传统的光学显微镜不同，电子显微镜是通过让电子穿过极薄的被研究物体的切片，在荧光屏或摄影胶片上产生放大多倍的图像。

约瑟夫 - 阿曼德·庞巴迪
Joseph-Armand Bombardier

1907年4月16日—1964年2月18日，加拿大

庞巴迪还是个小男孩的时候就对机械非常着迷，13岁时，他就制造了一台由时钟机芯驱动的微型机车。几年后，他创作出了自己的第一个有点儿原始的发明：由福特T型汽车发动机推动的两个套在一起的木制雪橇。直到1937年，他才发明了一种真正的工作车辆，这是第一辆真正的雪地车，它在履带上行驶，由滑雪板操纵。这种车辆现在已经取得了巨大的成功。现在以他的名字命名的庞巴迪公司是加拿大最大的制造公司之一。

乔治·德·梅特勒
George de Mestral

1907年6月19日—1990年2月8日，瑞士

1941年，梅特勒萌发出了制作一种全新搭扣的想法。当时他带着狗在瑞士阿尔卑斯山打猎归来后，花了很长时间清除粘在他衣服和狗毛上的牛蒡刺。身为工程师的梅特勒在显微镜下检查了这些毛刺，饶有兴趣地发现它们由数百个小钩组成，这些小钩可以勾在衣服和毛皮上的小环上。受大自然的启发，梅特勒在接下来的几年里致力于模拟毛刺的特性，合成这种紧固的系统。最终他开发出了"尼龙搭扣"，并在1955年获得专利，现在这已经在全世界家喻户晓了。

井深大
Masaru Ibuka

1908年4月11日—1997年12月19日，日本

作为日本电子企业索尼公司的董事长，深井大在飞机上度过了大量的时间，他喜欢用公司生产的便携式立体声播放器听歌剧。但是，这种设备当时笨重而昂贵，他觉得可以对其进行改进。他构思了一种新的实用轻巧的播放器，并将设计任务交给了索尼工程师木原信敏和大曽根幸三。他们最终研发出了索尼随身听。索尼1979年推出的随身听取得了巨大的商业成功，到2010年被淘汰时，它的销量已经超过了2亿台。

雅克·库斯托
Jacques Cousteau

1910年6月11日—1997年6月25日，法国

在20世纪50年代到60年代，库斯托制作并拍摄了许多以水下海洋生物为主题的电视纪录片，这使他在国际上享有盛名。库斯托曾是法国海军军官，他的创新水下拍摄技术得益于"水肺"，这是库斯托与法国工程师爱米尔·加尼安于1943年共同发明的一种轻便水下呼吸装置。他还发明了一系列潜水摄影机。

威廉·考尔夫
Willem Kolff

1911年2月14日—2009年2月11日，美籍荷兰裔

　　毫无疑问，即使是在医学这个人才济济的领域中，考尔夫也可以脱颖而出，成为20世纪最伟大的医学创新者之一。他在1943年发明了肾脏透析机，这是一种巧妙的装置，可以清除肾脏病人血液中有毒的废物，这拯救了很多将死之人。考尔夫后来被公认为"人工器官之父"。他在1950年从荷兰移民到美国。7年后，他首次将人工心脏植入狗的体内。随后，在1982年，他又成功地为人类患者植入了世界上第一个人工心脏。

艾伦·图灵
Alan Turing

1912年6月23日—1954年6月7日，英国

　　据称，数学天才图灵通过发明一台机器，破解了纳粹德国绝密的英格玛密码，使第二次世界大战的结束时间提前了两年，挽救了超过1400万人的生命。1942年，战争进入白热化阶段，德国的U型潜艇在北大西洋徘徊，英国损失了大量商船。在伦敦附近的英国密码破译中心——布莱切利园工作的图灵设计出了一种被称为"Bombe"的电子机械破译机，它使盟军终于能够读取U型潜艇和纳粹最高指挥部之间的信息。随着时间的推移，这一优势使海战开始对盟军有利。

格特鲁德·埃利恩
Gertrude Elion
1918年1月23日—1999年2月21日，美国

　　1988年格特鲁德·埃利恩与另外两人被授予了诺贝尔生理学或医学奖，以表彰她在药物开发方面的杰出工作，包括治疗白血病、疟疾和艾滋病在内的多种主要疾病的药物。她还参与了关于减少无血缘关系的捐赠者之间的肾移植排异反应的药物的设计。1991年，生物化学家和药理学家埃利恩成为第一位入选美国国家发明家名人堂的女性。在她漫长而杰出的职业生涯中，她获得了45项医学专利，并被授予23个荣誉学位。

尼尔斯·博林
Nils Bohlin
1920年7月17日—2002年9月21日，瑞典

　　瑞典汽车制造商沃尔沃1959年推出的三点式汽车安全带一直被公认为汽车行业最重要的创新之一。博林在沃尔沃担任工程师期间设计并完善了安全带。早在20世纪40年代，他就在萨博飞机和汽车公司开发弹射座椅。他在1958年加入了沃尔沃公司，利用自己学到的技能发明了安全带：一条带子绑住髋部，一条绑住胸部，将上半身和下半身一同固定住。从那时起，这个简单但巧妙的装置拯救了无数人的生命。

海因里希·罗雷尔
Heinrich Rohrer

1933年6月6日—2013年5月16日，瑞士

格尔德·宾宁
Gerd Binnig

生于1947年7月20日，德国

　　1986年诺贝尔物理学奖授予了罗雷尔（图左）和宾宁，以表彰他们设计了扫描隧道显微镜（简称STM）。这是一台前所未有的电子显微镜，它能够产生非常精细的三维图像，甚至可以分辨出单个的原子，被广泛应用于工业。诺贝尔委员会将STM描述为一种为研究物质结构开辟出了全新领域的设备。宾宁和罗雷尔这两位物理学家第一次相遇是在1978年，当时他们在瑞士苏黎世的IBM研究部门工作。三年后，他们发明了STM，并与德国物理学家恩斯特·鲁斯卡分享了诺贝尔奖。

厄尔诺·鲁比克
Erno Rubik

生于1944年7月13日，匈牙利

　　一名年轻的设计师坐在布达佩斯的多瑙河岸边，看着水绕着鹅卵石流动，他灵光一闪，发明出了最棒的机械拼图玩具——魔方。自1979年在纽伦堡玩具展上首次公开亮相以来，这种巧妙而又令人沮丧的玩具已经合法售出超过3.5亿个，还有至少5000万个盗版货进入了市场。截至2017年，解决这个有无数种不同组合谜题的最快纪录为4.59秒。鲁比克本人还原魔方大约需要花费一分钟。

扩展阅读

Apps, Roy: The Explosive Discovery – The Story of Alfred Nobel. Hove, East Sussex: Wayland Publishers Ltd, 1997

Breverton, Terry: Breverton's Encyclopedia of Inventions. London: Quercus Publishing, 2012

Challenor, Jack: 1001 Inventions That Changed the World. London: Cassell Illustrated, 2009

Challoner, Jack: Genius – Great Inventors and Their Creations. London: Carlton Books Ltd, 2013

Cornwell, John: Hitler's Scientists – Science, War and the Devil's Pact. London: Penguin Books, 2004

Culick, Fred E. C. and Spencer Dunmore: On Great White Wings – The Wright Brothers and the Race for Flight. Shrewsbury, Shropshire: Airlife Publishing Ltd, 2001

Dulken, Stephen Van: Inventing the 20th Century – 100 Inventions That Shaped the World. London: The British Library, 2000

Goldsmith, Mike: John Logie Baird. Lewes, East Sussex: White-Thomson Publishing Ltd, 2002

Hunt, William E: 'Helicopter' Pioneering With Igor Sikorsky. Shrewsbury, Shropshire: Airlife Publishing Ltd, 1998

Irons, Roy: Hitler's Terror Weapons – The Price of Vengeance. London: HarperCollins Publishers, 2002

Jackson, Tom: Physics – An Illustrated History of the Foundations of Science. New York: Shelter Harbor Press and Worth Press Ltd, 2013

Jackson, Tom: The Elements – An Illustrated History of the Periodic Table. New York: Shelter Harbor Press and Worth Press Ltd, 2012

Jian, Li: Cai Lun – The Creator of Paper. New York: Better Link Press, 2016

Kinley, Jeff with Dr Raymond Damadian: Gifted Mind – Inventor of the MRI. Green Forest, Akansas: New Leaf Publishing Group, 2015

Macdonald, Anne L: Feminine Ingenuity – How Women Inventors Changed America. New York: Ballentine Books, 1992

Marsden, Ben: Watt's Perfect Engine – Steam And The Age of Invention. Cambridge, UK: Icon Books Ltd, 2002

Moldova, Gyorgy: Ballpoint. North Adams, Massachusetts: New Europe Books, 2012

Nahum, Andrew: Frank Whittle Invention Of The Jet. Cambridge, UK: Icon Books Ltd, 2004

Noble, Christine: Series Editor: The 20th Eventful Century – Inventions That Changed the World. London: Reader's Digest, 1996

Phillips, Cynthia and Shana Priwer: The Everything Da Vinci Book. Avon, Massachusetts: Adams Media, 2006

Sandler, Craig: The Illustrated Timeline of Inventions. New York: Sterling Publishing Co. Inc, 2007

Sherrow, Victoria: Alexander Graham Bell. Minneapolis: Lerner Publishing Group, 2001

Strathern, Paul: Mendeleyev's Dream – The Quest for the Elements. London: Hamish Hamilton, 2000

Other Sources:

   The Dorling Kindersley Science Encyclopedia

   How Is It Done? Reader's Digest

   Webster's Biographical Dictionary

Encyclopedia Britannica

The New Caxton Encyclopedia

Purnell's History of the 20th Century

Websites include:

Biography.com

Biography Online

Nobel Foundation

图片来源

123RF/Brent Hofacker 27; Georgios Kollidas 18; ladyann 85; neftali77 40; Patrick Guenette 16下, 18背景; Rob Byron 83下; Sergey Kohl 45. **Alamy Stock Photo**/ AF archive 153上; Arcaid Images 25; Archive PL 149上; Chris Lawrence 125上; Colport 125下, 129上, 132下, 133下, 134上, 144下, 153下; Everett Collection Inc 137上, 139下, 145上; Ewing Galloway 91; Feng Yu 5; Florilegius 4; GL Archive 128下, 136下; Granger Historical Picture Archive 12, 87, 140下; Interphoto 152下. **Jiji Press**/AFP 152上; Klemen Misic 45; Lebrecht Music and Arts Photo Library 6, 139上; North Wind Picture Archives 124上, 134下, 140上; Panther Media GmbH 89; Paul Fearn 135下, 138下, 141下; Peter Cavanagh 155下; Peter Horree 126上; Pictorial Press Ltd 31下, 64, 130下,149下; Science History Images 44, 78, 79, 128下, 136上, 141上; Sputnik 106; Stefano Bianchetti 131上; The Granger Collection 135上, 137下; UtCon Collection 142下. **Alan Wilson**, licensed under the Creative Commons Attribution-Share Alike 2.0 Generic license 107. **Bradbury and Williams**, 1背景, 36, 56背景, 86背景, 102背景; Colin, licensed under the Creative Commons Attribution-Share Alike 3.0 Unported licence 58 background. **Daderot**, licensed under the Creative Commons CCO 1.0 Universal Public Domain Dedication 96. **Images courtesy of DuPont** 114 background, 112, 113下. **Getty Images**/Amerlie-Benoist 27. **Ann Ronan Pictures**/Hulton Archive 77. **Anwar Hussein Collection**/Hulton Archive 100; Bettmann 103, 147上, 148上. **Calle Hesslefors**/ullstein bild 149下. **Fox Photos**/ Hulton Archive 93; George P. **Hall & Son**/George Eastman House 59. **Jean-Luc Petit**/ Gamma-Rapho 132上; Jeff Kravitz 56上. **Lauer**/ullstein bild 151上; Mondadori Portfolio 92. Neville Elder/Corbis 114. **Peter Laurie**/BIPs 145下; PhotoQuest 90; Science & Society Picture Library 49, 88. **Sebastian Derungs**/AFP 120. **Stefano Bianchetti**/Corbis 130上; Topical Press Agency 94; Universal History Archive 131下. **iStock**/ 221A 22背景, 24; akesak 114背景, 115; benoitb 22; bufi 98 背景; clsgraphics 6背景; feellife 116; gatorinsc 105. **Gelia**/iStock 33; georgeclerk 58背景; GeorgiosArt 126下, 133 上; gubernat 42背景, 43; HildaWeges 13下; inFocusCD 29中; jakkapan21 74; Jan-Schneckenhaus 8; jetcityimage 94 背景, 122背景; jgroup 63; joecicak 129下; Johncairns 65下; joxxxxjo 2背景; KGrif 78; kot63 117; Marc van Dijk 31上; MattiaATH 29右; Michael Fitzsimmons 80, 81; picturedesigner 102; popovaphoto 35上; rrodrickbeiler 32; russmerritt 99上; SasinParaksa 62; simonbradfield 61; tatniz 111; traveler1116 13上; Vojta 90; wandee007 30背景; welcomia 34背景; whitemay 23; yenwen 9; ZU_09 7, 128上; Library of Congress 51, 53, 65上, 74; Licensed under the Creative Commons Attribution-Share Alike 2.5 Generic license 88背景. **NASA** 103; JPL 15上; JPL-Caltech/

University of Arizona/LPGNantes 17. **Peter Broster**, licensed under the Creative Commons Attribution 2.0 Generic license 21. **Press Association Images**/Topham/Topham Picturepoint 86; Rob Koopman, licensed under the Creative Commons Attribution-Share Alike 1.0 Generic licence 15下, 26上; Science Photo Library 2. **Emilio Segre Visual Archives**/American Institute of Physics 82, 83上; Hagley Museum and Archive 110, 113上; IBM Research 155 上; Smithsonian Institute 70; Staff Sgt. Carol Lehman public domain 101; SuperStock 84. **Daily Herald Archive**/ National Media Museum/SSP/Science and Society 39; Jay Pasachoff 14背景; marka/jarach/Marka 70, 71上; Science and Society 38背景, 38, 71下, 75上, 76, 95; Underwood Photo Archives 73. **Thinkstock**/iStock/ Ivary 119; Photos. com 9, 10背景, 10, 19, 26背景; Pixtum 118背景; Tnt1984, licensed under the Creative Commons Attribution-Share Alike 3.0 Unportedlicense 109; US National Archives 49背景, 60, 99下; US National Reconnaissance Office 106背景. **Wellcome Images**, licensed under the Creative Commons Attribution 4.0 International license 39,46背景. **Worth Press Ltd** 124下, 128下, 13tl, 142上, 143下, 144上, 146下, 147下, 148上, 150上, 150下, 151下, 154上, 154下.